A Aplicação da Mediação como Método de Resolução Alternativa de Litígios nas Relações de Consumo

A Aplicação da Mediação como Método de Resolução Alternativa de Litígios nas Relações de Consumo

ESTUDO COMPARATIVO ENTRE PORTUGAL E BRASIL

2023

Cláudia Benício Siqueira Rocha
Advogada
Mestre em Direito
Investigadora Colaboradora do Ratio Legis – Centro de Investigação e Desenvolvimento em Ciências Jurídicas da Universidade Autónoma de Lisboa [Projeto: Autotutela e Realização do Direito Privado]

ALMEDINA

A APLICAÇÃO DA MEDIAÇÃO COMO MÉTODO DE RESOLUÇÃO ALTERNATIVA DE LITÍGIOS NAS RELAÇÕES DE CONSUMO
ESTUDO COMPARATIVO ENTRE PORTUGAL E BRASIL

AUTORA
Cláudia Benício Siqueira Rocha

CONSELHO CIENTÍFICO DA COLEÇÃO *RATIO IURIS*
Alexandre Miguel Mestre, Anja Bothe, Armindo Saraiva Matias, Bárbara Lobo, Bruna Capparelli, Manuel Monteiro Guedes Valente, Maria Constança Urbano de Sousa, Maria João Guia, Pedro Trovão do Rosário, Ruben Bahamonde Delgado

EDITOR
EDIÇÕES ALMEDINA, S.A.
Avenida Emídio Navarro, 81, 3D
3000-151 Coimbra
Tel.: 239 851 904 • Fax: 239 851 901
www.almedina.net • editora@almedina.net

DESIGN DE CAPA
EDIÇÕES ALMEDINA, S.A.

PRÉ-IMPRESSÃO
EDIÇÕES ALMEDINA, SA

IMPRESSÃO E ACABAMENTO

Maio, 2023

ISBN
978-989-40-1177-4

DEPÓSITO LEGAL
...

ALMEDINA | GRUPOALMEDINA

SUMÁRIO

NOTA PRÉVIA

Este trabalho de investigação resulta da dissertação intitulada "A Aplicação da Mediação como Método de Resolução Alternativa de Litígios nas Relações de Consumo: Estudo Comparativo entre Portugal e Brasil" defendida em provas públicas em 26.09.2022, perante um júri integrado pelo Prof. Doutor Manuel Monteiro Guedes Valente, na qualidade de Presidente, pelo Prof. Doutor António Pedro Pinto Monteiro, na qualidade de Arguente e pelo Prof. Doutor Ruben Bahamonde, na qualidade de Orientador, tendo obtido a nota final de 17 valores.

A pesquisa foi desenvolvida no âmbito do Projeto de I&D: *Autotutela e Realização do Direito Privado* do Ratio Legis – Centro de Investigação e Desenvolvimento em Ciências Jurídicas da Universidade Autónoma de Lisboa.

A obra que agora se apresente contém pequenas correções em relação ao trabalho defendido e o desenvolvimento de algumas questões que permitiram elevar a sua utilidade para a comunidade científica, académica e prática do direito no espaço Luso e Brasileiro.

Aos meus ancestrais portugueses e aos meus queridos Pais:
pelo amor incondicional, exemplo e confiança.

AGRADECIMENTO

Agradeço aos Mestres que tive no meu curso do mestrado, principalmente ao meu Orientador, Professor Doutor Ruben Bahamonde Delgado.

Agradeço à Universidade Autónoma de Lisboa/UAL por ter promovido que a minha pesquisa se inserisse no projeto de investigação "Autotutela e Realização do Direito Privado" do Centro de Investigação e Desenvolvimento em Ciências Jurídicas – Ratio Legis, em especial aos Professores, Doutor Manuel Monteiro Guedes Valente, Doutor António Pedro Pinto Monteiro e Doutor Ruben Bahamonde Delgado.

Agradeço aos portugueses pelo acolhimento e pelo carinho.

PREFÁCIO

A obra que agora se prefacia é o resultado da investigação da Mestre Cláudia Benício Siqueira Rocha, e foca-se na resolução dos conflitos de consumo através da mediação, enquanto meio alternativo de resolução de conflitos. O fenómeno é analizado pela autora com uma preocupação lusófona, debruzando-se, concretamente, sobre a realidade lusa e brasileira, para daí extrair aquilo que de melhor se identifica em cada um dos sistemas jurídicos visados sem, porém, deixar de retirar algumas considerações críticas para aprimoramento de ambos os sistemas.

A temática desenvolvida nesta investigação inseriu-se no projeto "Autotutela e Realização do Direito Privado" do Centro de Investigação e Desenvolvimento em Ciências Jurídicas da Universidade Autónoma de Lisboa, quer pela sua pertinência quer pela sua relevância. Em termos de pertinência, os diversos meios alternativos de resolução de conflitos, na sua maioria, são de natureza voluntária, o que permite ao titular ou titulares do interesse controvertido socorrer-se destes meios para tutelar os seus interesses, desviando-se do padrão imposto pela jurisdição ordinária. Especificamente, no que concerne à mediação, esta será sempre voluntária, assim se considerando também, naquelas situações e ordenamentos onde constitua um requisito pré-processual para instaurar a correspondente ação. Neste contexto, trata-se de um mecanismo de autocomposição do conflito, em que as partes envolvidas têm liberdade de participar no procedimento de mediação, assim como também são livres de aceitar o seu resultado ou de rejeitá-lo. Pelo facto de se tratar de um meio alternativo de resolução de conflitos não adjudicatário, cobra especial relevo a figura do mediador, cujas competências, deveres e responsabilidades são analisados, comparados e comentados no presente trabalho, estabelecendo-se as devidas diferenças com outras figuras como a do juiz ou a do árbitro.

Já no que diz respeito à relevância do tema, esta justifica-se pela utilização da mediação numa área do direito muito necessitada de celeridade e eficácia pela disparidade de poder entre as partes em confronto – o Direito do Consumo. Com efeito, é pacífico afirmar que existe um habitual desequilíbrio nas relações entre o consumidor e a sua contraparte, seja este empresário, sociedade comercial ou outro agente económico equiparável que forneça bens e/ou serviços. Este desequilíbrio resulta do maior poder económico que tendencialmente detêm estes últimos, e que pode ser usado em detrimento dos direitos dos consumidores de diversas formas, nomeadamente, violando obrigações de informação, desrespeitando a qualidade dos produtos, impondo obrigações abusivas, etc. Neste cenário, resulta essencial providenciar mecanismos para a resolução dos conflitos de consumo não apenas céleres e eficazes, como também acessíveis e de baixo custo, que garantam a tutela efetiva dos consumidores. A importância desta área do direito constata-se pela sua inserção no conjunto de direitos e deveres económicos tutelados pela Constituição da República Portuguesa no seu artigo 60º, relativo aos direitos dos consumidores, e no incisso XXXII do artigo 5º da Constituição da República Federativa do Brasil.

A acessibilidade à mediação de conflitos de consumo tem vindo a experimentar grandes avanços no sentido do afastamento da regra geral da imediação, da qual resulta que as partes mediadas e o mediador deveriam estar presencialmente num local adequado para o procedimento de mediação. Efetivamente, a paulatina introdução dos meios tecnológicos e digitais na realidade jurídica, económica, e social permitiram o surgimento de mediações on-line ou à distância em diversos ordenamentos jurídicos. Esta tendência será tanto mais adequada para os conflitos de relação de consumo, onde geralmente, não existe um envolvimento interpessoal entre as partes, como acontece, por exemplo, na mediação familiar.

Em suma, estamos perante uma obra de investigação científica cujo escopo consiste na análise crítica da mediação de conflitos de consumo, fazendo-se uma ênfase especial nos sistemas de mediação de consumo on-line, onde a Mestre Cláudia Benício Siqueira Rocha nos brinda com a sua particular análise.

RUBEN BAHAMONDE DELGADO
Professor Associado da Universidade Autónoma de Lisboa

RESUMO

Esta investigação pretende analisar a mediação privada como método alternativo de resolução dos conflitos consumeristas em Portugal e no Brasil, que aumentaram em decorrência do comércio eletrônico e da criação da União Europeia. Diante dessa "era do consumismo", que também contribuiu para o colapso do Judiciário, houve uma mudança de paradigma para os meios extrajudiciais, cuja evolução histórica mostrará a implantação da mediação por ser célere, eficaz e com resultados eficientes para solucionar as demandas de consumo, sendo o consumidor a parte vulnerável na relação. E mesmo diante do panorama mundial da pandemia causada pela doença COVID-19 novo coronavírus, houve a consolidação da mediação *on-line* pelas plataformas eletrônicas. Assim, a análise será se a mediação privada possibilitou o acesso à justiça pelo consumidor e como cada país se estruturou sobre a política de defesa do consumidor com a aplicação deste método alternativo? Nesse viés, o consumidor se beneficiará da mediação, conforme depreende da legislação, da doutrina e da jurisprudência, para fazer valer o seu direito.

Palavras-chaves: *Mediação privada; Conflitos de consumo; Defesa dos Direitos do Consumidor; Lei de Mediação; Plataformas eletrônicas.*

ABSTRACT

This investigation intends to analyze private mediation as an alternative method of resolving consumerist conflicts in Portugal and Brazil, which increased as a result of electronic commerce and the creation of the European Union. Faced with this "era of consumerism", which also contributed to the collapse of the Judiciary, there was a paradigma shift for extrajudicial means, whose historical evolution will show the implementation of mediation for being quick, effective and with efficient results to solve consumer demands, the consumer being the vulnerable part of the relationship. And even in the face of the world panorama of the pandemic caused by the disease COVID-19 new coronavirus, there was the consolidation of *on-line* mediation by electronic platforms. Thus, the analysis will be whether private mediation has enabled consumer access to justice and how each country has structured itself on consumer protection policy with the application of this alternative method? In this bias, the consumer will benefit from mediation, as he understands from the legislation, the doctrine and the jurisprudence, to assert his right.

Keywords: *Private mediation; Consumption conflicts; Defense of Consumer Rights; Mediation law; Electronic platforms.*

LISTA DE ABREVIATURAS E ACRÔNIMOS

ADR: Resolução Alternativa de Disputa
ANACOM: Autoridade Nacional de Comunicações
CACCDC: Centro de Arbitragem de Conflitos de Consumo do Distrito de Coimbra
CACCL: Centro de Arbitragem de Conflitos de Consumo de Lisboa
CACCRAM: Centro de Arbitragem de Conflitos de Consumo da Região Autónoma da Madeira
CASA: Centro de Arbitragem do Setor Automóvel
CAUAL: Centro de Arbitragem da Universidade Autónoma de Lisboa
CEJUSC: Centro Judiciário de Solução de Conflito e Cidadania
CEPEJ: Comissão Europeia para a Eficiência da Justiça
CIAB: Centro de Informação, Mediação e Arbitragem de Consumo
CIAC: Centro de Informação Autárquico ao Consumidor
CICAP: Centro de Informação de Consumo e Arbitragem do Porto
CID: Classificação Internacional de Doenças
CIMPAS: Centro de Informação, Mediação, Provedoria e Arbitragem de Seguros
CMVM: Comissão de Mercado de Valores Mobiliários
CNIACC: Centro Nacional de Informação e Arbitragem de Conflitos de Consumo
CNJ: Conselho Nacional de Justiça
CPC: Código de Processo Civil
DGC: Direcção-Geral do Consumidor

DECO: Associação Portuguesa para a Defesa do Consumidor
DIAP: Departamento de Investigação e Ação Penal
EEJ-net: Rede Europeia Extrajudicial
ENAM: Escola Nacional de Mediação e Conciliação
ERSE: Entidade Reguladora dos Serviços Energéticos
IC: Instituto do Consumidor
LQER: Lei Quadro das Entidades Reguladoras
MERC: Meios Extrajudiciais de Resolução de Conflitos
ODR: Resolução de Disputa *Online*
ONU: Organização das Nações Unidas
PJe: Processo Judicial Eletrônico
Procon: Programa Estadual/Municipal de Proteção e Defesa do Consumidor
RAL: Resolução Alternativa de Litígios
RALC: Resolução Alternativa de Litígios de Consumo
RLL: Resolução de Litígios em Linha
RNCAI: Rede Nacional de Centros de Arbitragem Institucionalizada
SAC: Serviço de Atendimento ao Consumidor
Senacon: Secretaria Nacional do Consumidor
Sindec: Sistema Nacional de Informações de Defesa do Consumidor
SNDC: Sistema Nacional de Defesa do Consumidor
STF: Supremo Tribunal Federal
STJ: Superior Tribunal de Justiça
TFUE: Tratado sobre o Funcionamento da União Europeia
TRIAVE: Centro de Arbitragem de Conflitos de Consumo do Ave, Tâmega e Sousa
UMAC: Unidade de Mediação e Acompanhamento de Conflitos de Consumo

INTRODUÇÃO

A modernidade do século XX ocasionou o acesso ao consumo pelos europeus e pelos brasileiros, tendo como consequência o aumento da aquisição de produtos e das prestações de serviços, pois já estava instalada a "era do consumismo". Nesse contexto, houve paralelamente o crescimento concomitante dos conflitos nas relações de consumo e da quantidade de processos judiciais demandados pelos consumidores que exigiam os próprios direitos.

Nesta perspectiva, a base fundamental do Estado de Direito é o acesso ao direito, que nos anos 70 aos 90 do século passado estava diretamente relacionado com a prestação jurisdicional realizada pelo Judiciário. Porém os conflitos, inclusos os de consumo, também colaboraram com a famosa "crise da justiça" em Portugal, no Brasil e em vários outros países. Sendo que este panorama judicial piorou com o surgimento do bloco econômico que formou a União Europeia e que possibilitou o consumo de produtos fornecidos por empresas localizadas em qualquer Estado-Membro pelo comércio eletrônico, acentuando ainda mais o problema que já existia com os conflitos transfronteiriços.

Assim, diante deste enfoque houve um aumento exponencial de processos judicializados, que contribuíram para transparecer a existente e conhecida morosidade da efetivação da prestação jurisdicional, além do elevado custo da máquina judicial, que resultaram no advento dos meios alternativos de resoluções de conflitos na perspectiva como necessários e fundamentais para retomar a paz social.

Isso representou o anseio de uma sociedade, que buscava um novo paradigma para o colapso do modelo existente no Judiciário, pois primava e necessitava por uma solução mais justa e célere, além de encampar resultados práticos eficientes juntamente com um tempo razoável para apresentar uma solução à demanda. Diante de tais questionamentos, surge o Sistema de Justiça Multiportas, que favoreceu a chegada da resolução alternativa de litígios (RAL), cuja titulação original é *alternative dispute resolution*, composta pela negociação, conciliação, mediação e arbitragem.

Por outro lado, houve o reconhecimento da vulnerabilidade presumida do consumidor em relação aos fornecedores de produtos e prestadores de serviços, bem como fundamental o direito do consumidor pela Constituição de Portugal e do Brasil, sendo um marco da consolidação no direito constitucional. Por isso, esse direito foi considerado pela doutrina como um ramo que possui a característica da interdisciplinariedade com os outros, sendo elevado como um microssistema diante da sua importância e positivado como uma norma de ordem pública, indisponível, inafastável e com viés de interesse social. Além disso, verificará que há várias semelhanças entre a Lei de Defesa do Consumidor de Portugal com o Código de Proteção e Defesa do Consumidor do Brasil.

Portanto, perante este cenário, houve a constatação e o enfrentamento sobre a melhor forma de oferecer uma resposta rápida e eficaz à sociedade em relação aos seus conflitos e como tutelar os direitos do consumidor na relação de consumo. Diante dessas questões, indaga-se: como foi a evolução histórica em Portugal e no Brasil para que a mediação fosse utilizada como método de RAL de consumo? Será que a mediação extrajudicial possibilitou o acesso eficaz à justiça? Houve algum fortalecimento na política de defesa do consumidor? As experiências nesses países mostraram um resultado satisfatório?

Como consequência deste percurso narrativo que se valerá de elementos normativos e informativos, provenientes de revisões bibliográficas e jurisprudenciais, buscar-se-á responder tais questionamentos, além de demonstrar o caminho percorrido por Portugal e pelo Brasil para implantar a mediação nos conflitos consumeristas, com interesse na extrajudicial, bem como as críticas a respeito desse assunto, com ênfase no direito comparado entre os dois países e a evolução que cada país alcançou com esse novo método de RAL em quatro capítulos.

No primeiro capítulo será tratada a evolução histórica da mediação como RAL em Portugal e no Brasil, percorrendo o conceito e as características desse método, juntamente com as vantagens e desvantagens apresentadas pela doutrina.

No segundo capítulo será analisado o direito do consumidor em Portugal e no Brasil, desde as particularidades existentes nas leis específicas de cada país, como conceitos, a relação de consumo propriamente dita entre o consumidor e o fornecedor de produtos ou prestador de serviços, além das tutelas jurídicas estipuladas nas legislações em análise, juntamente com a perspectiva da jurisprudência.

No terceiro capítulo será examinada a Lei de Mediação de Portugal e do Brasil com ênfase nas particularidades, nos tipos de mediações existentes, nos princípios entabulados, nas agências que realizam a mediação extrajudicial, sendo marcante a diferença que resultou da evolução de cada país em relação a este aspecto, o procedimento adotado em cada país e, por fim, o importante papel do mediador.

No quarto capítulo será demonstrada a experiência que Portugal e Brasil alcançaram com a adoção deste método como resolução extrajudicial nos conflitos de consumo com realce no contexto da pandemia causado pela doença COVID-19 novo coronavírus e a transformação digital que cada país adotou para continuar atendendo as demandas de suas populações.

A conclusão culminou em mostrar as respostas aos questionamentos apresentados na proposta inicial e foi embasada nas investigações realizadas na bibliografia consultada, como doutrina, legislações, dados de órgãos públicos, trabalhos acadêmicos e informações disponíveis com acesso ao público.

1. A MEDIAÇÃO COMO RESOLUÇÃO ALTERNATIVA DE LITÍGIO EM PORTUGAL E NO BRASIL

O acesso à justiça é um princípio consagrado no artigo 6.º da Convenção Europeia dos Direitos do Homem[1], que entrou em vigor no dia 3 de setembro de 1953 e foi ratificada em Portugal pela Lei n.º 65/1978, de 13 de Outubro[2]. A Carta dos Direitos Fundamentais da União Europeia[3] salvaguarda no capítulo VI o direito da tutela jurisdicional efetiva para que a demanda não seja reprimida, e que tenha o respeito ao contraditório e à ampla defesa, visto que também há esta previsão na Constituição de Portugal[4] e do Brasil[5].

Diante da realidade de um Judiciário com custo processual caro, assoberbado com o crescente número de processos judicializados, além da chegada vagarosa da prolação da sentença, sendo este também o cenário apresentado para as relações de consumo transfronteiriças[6], tanto Portugal como o Brasil tiveram a iniciativa de buscar uma solução na via extrajudicial.

---

[1] CONVENÇÃO Europeia dos Direitos dos Homens. *Tribunal Europeu dos Direitos do Homem* [Em linha]. [Consutl. 7 Maio 2020]. Disponível em https://www.echr.coe.int/documents/convention_por.pdf.

[2] LEI n.º 65/1978. *Diário da República I Série* [Em linha]. N.º 236 (13-10-1973). p. 2119-2145. [Consult. 9 Maio 2020]. Disponível em https://dre.pt/pesquisa/-/search/328440/details/maximized.

[3] CARTA dos Direitos Fundamentais da União Europeia. *Jornal Oficial das Comunidades Europeias* [Em linha]. N.º 364 C (18-12-2000). p. 1-22. [Consult. 9 Maio 2020]. Disponível em http://www.europarl.europa.eu/charter/pdf/text_pt.pdf.

[4] Artigo 20.º da Constituição da República Portuguesa. LEI n.º 86/1976. *Diário da República I Série* [Em linha]. N.º 86 (10-04-1976). p. 738-775. [Consult. 9 Nov. 2020]. Disponível em https://dre.pt/legislacao-consolidada/-/lc/34520775/view.

[5] Artigo 5.º, inciso LXXVIII da Constituição Federativa do Brasil. ANGHER, Anne Joyce [Org.] – *Vade Mecum*. Vol. 1. São Paulo: Rideel, 2019. ISBN 978-85-339-5442-7. p. 26.

[6] Ideia da Recomendação n.º 98/257/CE. RECOMENDAÇÃO 98/257/CE da Comissão das Comunidades Europeias. *EUR-Lex Jornal Oficial da União Europeia* [Em linha]. N.º 115 L (17-04-1998). p. 31-34. [Consult. 7 Maio 2020]. Disponível em http://data.europa.eu/eli/reco/1998/257/oj.

Nessa procura por uma solução rápida e eficaz, ocasionou o crescente aumento pelo interesse aos meios extrajudiciais de resolução de litígios e, por isso, houve a criação do "Sistema Multiportas" por Frank Ernest Arnold Sander, que será novamente mencionado de forma detalhada no tópico seguinte.

Esta expressão de origem inglesa "*Multi-door Courthouse*" significa as várias formas de prevenção e soluções de conflitos com o uso de variados métodos pelo Judiciário[7] e fora dele. Segundo Vinícius José Corrêa Gonçalves, este sistema corresponde a um "[...] modelo de organização judiciária multifacetária, que privilegia a adequação do conflito ao melhor método para sua resolução"[8]. Tendo inclusive a incidência do Princípio da Adaptabilidade, segundo Ivan Machado Barbosa, em que "[...] o procedimento há de aperfeiçoar as particularidades de cada litígio"[9].

Diante desta "crise de administração da justiça"[10] expressão utilizada por Boaventura de Sousa Santos ou "crise da justiça"[11] conforme Jorge Bacelar Gouveia e Lídia Maria Ribas, que representa a cultura da litigiosidade em decorrência da democratização do acesso à justiça, tendo como consequência o crescente número de demandas. Como resultado deste cenário, os mecanismos alternativos de resolução extrajudicial de litígios na seara do consumo passaram a ter confiabilidade e eficácia em virtude dos baixos custos, da pouca duração e dos resultados que estavam sendo apresentados, que eram

---

[7] PEDROSO, João; TRINCÃO, Catarina; DIAS, João Paulo – Os caminhos da informalização e da desjudicialização. In *Percurso da informalização e da desjudicialização – por caminhos da reforma da administração da justiça (análise comparada)*. Coimbra: Universidade de Coimbra, 2001. ISBN 972-32-1176-9. p. 41.

[8] GONÇALVES, Vinícius José Corrêa – *Tribunais multiportas: pela efetivação dos direitos fundamentais de acesso à justiça e à razoável duração do processo*. Juruá: Curitiba, 2014. ISBN 978853624682-6. p. 190.

[9] BARBOSA, Ivan Machado – Estudos em arbitragem, mediação e negociação. In *Fórum de múltiplas portas: uma proposta de aprimoramento processual*. Vol. 2. Brasília: Grupos de Pesquisa, 2003. ISBN 85-89929-02-7. p. 248.

[10] SANTOS, Boaventura de Sousa – Introdução à Sociologia da Administração da Justiça. *Revista Crítica de Ciências Sociais*. Coimbra: Faculdade de Economia de Coimbra. N.º 21 (Nov. 1986), p. 17.

[11] RIBAS, Lídia Maria; GOUVEIA, Jorge Bacelar – Os Conflitos nas Sociedades Brasileira e Portuguesa do Século XXI: assunção de mecanismos alternativos de solução. *Themis*. Lisboa: Revista da Faculdade de Direito da UNL. Ano XVI, n.º 28/29 (2015), p. 10.

o oposto de um "[...] sistema judicial inoperante e desacreditado"[12], tendo o mesmo objeto a ser discutido para obter uma sentença.

Dulce Lopes e Afonso Patrão destacam as várias designações que a doutrina apresenta em relação à mediação, como um meio alternativo de resolução de litígios ou RAL ou conforme a denominação norte-americana *Alternative Dispute Resolution* (ADR) ou por fim os meios extrajudiciais de resolução de conflitos (MERC).[13] Sendo denotações também utilizadas para a negociação, conciliação e arbitragem.

Os meios de resoluções alternativas de litígios são as designações que já estão consagradas no sistema português, nos ditames da doutrinadora Mariana França Gouveia, sendo diferente da conciliação judicial determinada no artigo 594.º do Código de Processo Civil Português, que na ação judicial é realizada pelo juiz.[14] Aponta ainda que a crise da justiça é de quantidade de processos e demora na prolação da sentença, nesse sentido, os meios RAL são uma resposta a essa questão para que o conflito tenha uma solução mais satisfatória[15], sendo o "[...] reflexo processual do pluralismo jurídico".[16]

Já no Brasil, a consagração da mediação surgiu em 2015 com a própria Lei de Mediação e com o novo Código de Processo Civil (CPC)[17], que incluiu os métodos de soluções consensuais de conflitos na parte geral do código como normas fundamentais do processo civil, além de destinar uma seção própria aos conciliadores e mediadores judiciais. Entretanto, essas leis apresentam alguns tópicos divergentes, quando tratam dos princípios que regem a mediação e dos requisitos mínimos elencados para os mediadores judiciais. Sendo importante neste introito destacar que o CPC estabelece aos juízes, advogados, defensores públicos e membros do Ministério Público de incentivarem a autocomposição das partes no curso da ação judicial.[18]

---

[12] GORETTI, Ricardo – *Mediação e Acesso à Justiça*. Bahia: Juspodivm, 2017. ISBN 9788544212226. p. 68.

[13] LOPES, Dulce; PATRÃO, Afonso – *Lei da Mediação Comentada*. Coimbra: Editora Almedina, 2016. ISBN 978-972-40-6755-1. p. 7, 10.

[14] GOUVEIA, Mariana França – Introdução. In *Curso de Resolução Alternativa de Litígios*. 3.ª ed. Coimbra: Editora Almedina, 2019. ISBN 978-972-40-5570-1. p. 17.

[15] *Idem – Op. Cit.* p. 25.

[16] *Idem – Op. Cit.* p. 29.

[17] Lei n.º 13.105/2015, de 16 de Março

[18] Artigo 3º, §3º da Lei n.º 13.105/2015, de 16 de Março. ANGHER, Anne Joyce [Org.] – *Vade Mecum*. Vol. 1..., p. 288.

Diante deste cenário, a mediação tem sido cada vez mais empregada em Portugal e no Brasil como meio de resolução de litígios por ser de "baixo impacto económico e forte impacto social"[19], tendo ainda a possibilidade de preservar a relação entre os envolvidos, uma vez que serão eles que decidirão o conflito, sendo por isso que a doutrina classifica como método autocompositivo, em razão das partes construírem a solução em cooperação e de forma não adversarial.

Dessa maneira, cada método de RAL será elucidado a seguir. Assim, o que caracteriza a negociação é a dispensa da intervenção de terceiros, pois as próprias partes buscam a solução do problema ou delegam aos seus representantes, que poderão ser os advogados. O acordo será obrigatório se for celebrado um negócio jurídico entre as partes, porém caso alguma parte não cumpra o que fora ajustado, haverá a execução desse título executivo extrajudicial no Judiciário, segundo o ordenamento brasileiro[20]. Já em Portugal, com a promulgação do Código de Processo Civil em consonância com a Lei de Mediação, passou a considerar apenas como título executivo os acordos celebrados entre particulares no procedimento de mediação nos moldes do artigo 9.º desta lei. Nesse sentido, o acordo realizado na negociação em Portugal precisará ser homologado judicialmente para ter força executiva[21].

A arbitragem é tratada pela doutrina como heterocompositiva de conflito adjudicatório, que poderá ser facultativa ou obrigatória, realizada por um terceiro imparcial e denominado de árbitro, que impõe a solução às partes por terem optado por este método alternativo. O árbitro exerce a mesma função que o juiz na prestação jurisdicional e ocupa uma posição de superioridade em relação às partes. Além disso, poderá haver nenhum ou ambos serão vencedores, como também somente um vencedor, sendo que apenas nesse contexto a arbitragem é caracterizada como um meio adversarial.

---

[19] SILVA, Paula Costa e – O acesso ao sistema judicial e os meios alternativos de soluções de controvérsias: alternatividade efectiva e complementariedade. *Revista de Processo*. São Paulo: Revista dos Tribunais. ISSN 0100-1981. Ano 33, n.º 158 (Abril 2008), p. 99.

[20] Artigo 798 da Lei n.º 13.105/2015, de 16 de Março. ANGHER, Anne Joyce [Org.] – *Vade Mecum*. Vol. 1..., p. 352.

[21] Artigos n.º 703.º e 705.º da Lei n.º 41/2013, de 26 de Junho. LEI n.º 41/2013. *Diário da República I Série* [Em linha]. N.º 121 (26-06-2013). p. 3518-3665. [Consult. 25 Jun. 2020]. Disponível em https://data.dre.pt/eli/lei/41/2013/p/cons/20190913/pt/htm.

Diante disso, os doutrinadores classificam a arbitragem como a mais semelhante ao Judiciário dentre os outros meios alternativos de resolução de litígios, uma vez que a decisão do árbitro é considerada como um título executivo judicial no Brasil, nos ditames do CPC[22], e que não poderá ser reformulada pelo Poder Judiciário, exceto nos casos de anulação.

Assim também será em Portugal, nos ditames da Lei da Arbitragem Voluntária (Lei n.º 63/2011, de 14 de dezembro[23]), que consagra a irrecorribilidade da sentença arbitral em seu artigo 39.º, pois possui caráter obrigatório e força executiva entre as partes como a sentença judicial transitada em julgado[24], bem como a questão da impugnação da sentença arbitral pelo tribunal estadual competente, que só será possível nos moldes das razões elencadas no artigo 46.º desta lei. Ademais, Francisco Cortez a descreveu com as seguintes características: "[...] contratual na sua origem, privada na sua natureza, jurisdicional na sua função e pública no seu resultado"[25].

Entretanto, a arbitragem está adstrita em obedecer a determinados princípios, sendo que o Princípio do Contraditório, da Igualdade, da Previsão da Imparcialidade, do Livre Convencimento e da Independência dos Árbitros[26] estão previstos nas legislações portuguesas e brasileiras, por outro lado o Princípio da Oportunidade Razoável de Fazer Jus ao Próprio Direito[27] somente na Lei da Arbitragem Voluntária de Portugal.

Já a mediação possui como foco a superação da discórdia que há entre as partes, porque elas próprias, com o auxílio do mediador, poderão conseguir chegar a um consenso, e é por isso que muitos doutrinadores aludem a

---

[22] "Artigo 515. São títulos executivos judiciais: [...] VII. Sentença arbitral". ANGHER, Anne Joyce [Org.] – *Vade Mecum*. Vol. 1..., p. 330.

[23] LEI n.º 63/2011. *Diário da República I Série* [Em linha]. N.º 238 (14-12-2011). p. 5276-5289. [Consult. 15 Jan. 2020]. Disponível em https://data.dre.pt/eli/lei/63/2011/12/14/p/dre/pt/html.

[24] Artigo 42.º, item 7 da Lei n.º 63/2011. *Idem – Ibidem*.

[25] CORTEZ, Francisco – A Arbitragem Voluntária em Portugal: dos ricos homens aos tribunais privados (conclusão). *O Direito*. Lisboa: Editora Almedina. Ano 124, n.º IV (Dez. 1992), p. 155.

[26] Ideia de Gustavo Henrique Baptista Andrade. ANDRADE, Gustavo Henrique Baptista – A Mediação e os meios alternativos de resolução de conflitos. *Revista Fórum de Direito Civil*. Belo Horizonte: Fórum. ISSN 2238-9695. Ano 3, n.º 5, (Abril 2014), p. 93-108.

[27] Ideia do artigo 30. º (Princípios e regras do processo arbitral). LEI n.º 63/2011. *Diário da República...*, p. 5276-5289.

importância do empoderamento das partes nesse meio alternativo de resolução de conflitos.

Nesse sentido, a diferença que há entre a mediação e a conciliação está no mediador, que é um terceiro imparcial, neutro e devidamente treinado através de cursos de formação, que motiva as partes a transformarem a desavença em um momento oportuno para solucionarem a questão com outras alternativas.[28]

Cátia Marques Cebola expõe que neste contexto extrajudicial de resolução de litígios na Europa, e principalmente em Portugal, houve um considerável avanço no direito consumerista, tendo como consequência certo fortalecimento e desenvolvimento da política de defesa do consumidor.[29]

Juan Carlos Vezzula diferencia a conciliação da medição, tal como a maioria dos doutrinadores[30], por considerarem que a mediação é o método apropriado quando já houve certa relação entre as partes. No entanto, quando não há a existência de um contato anterior ou apenas uma prestação de serviço ou aquisição de um produto, a conciliação é mais adequada para dirimir tais conflitos.[31] Sendo este o conceito clássico nas doutrinas portuguesas e brasileiras, porém a mediação é amplamente utilizada nos conflitos consumeristas, cujos resultados são satisfatórios, como serão demonstrados no tópico específico sobre as experiências em cada país.

Jorge Morais Carvalho, João Pedro Pinto-Ferreira e Joana Campos Carvalho explicam que "[...] não existe no ordenamento jurídico português um regime geral aplicável à conciliação"[32], sendo por analogia o disposto no Código de Processo Civil Português[33] para o conciliador judicial e que fora

---

[28] Ideia de Águida Arruda Barbosa. BARBOSA, Águida Arruda - *Mediação Familiar interdisciplinar.* São Paulo: Atlas, 2015. ISBN 978852249936-6. p. 41.

[29] CEBOLA, Cátia Marques - Mediação e Arbitragem de Conflitos de Consumo: Panorama português. *Revista Portuguesa de Direito do Consumo - RPDC.* Coimbra: Associação Portuguesa de Direito de Consumo. ISSN 0873-9773. N.º 70 (Jun. 2012), p. 13-49.

[30] Tania Almeida, Cátia Marques Cebola, Jorge Morais Carvalho, João Pedro Pinto-Ferreira e Joana Campos Carvalho.

[31] VEZZULA, Juan Carlos - *Mediação - Teoria e Prática: Guia para Utilizadores e Profissionais.* Lisboa: DGAE - Ministério da Justiça de Portugal, 2004. ISBN 9789729758485. p. 83.

[32] CARVALHO, Jorge Morais; PINTO-FERREIRA, João Pedro; CARVALHO, Joana Campos - *Manual de Resolução Alternativa de Litígios de Consumo.* Coimbra: Editora Almedina, 2017. ISBN 978-972-40-7203-6. p. 170.

[33] Artigos 594.º, 591.º, item 1, alínea "a" e 604.º, item 2 da Lei n.º 41/2013, de 26 de Junho. LEI n.º 41/2013. *Diário da República...*, p. 3518-3665.

regulado na Lei n.º 144/2015, de 8 de Setembro[34], que será explicada adiante. Entretanto, o legislador português não apresentou o conceito de conciliação, mediação e arbitragem neste diploma legal.

Por fim, Tania Almeida destaca que a construção do instituto da mediação não pode ser descrita de forma sequencial, pois resulta do desenvolvimento de "diferentes eras, tendências, ideias, culturas, valores e eventos"[35], sendo uma mudança de paradigma da própria sociedade, que será demonstrada na evolução histórica de cada país.

De tudo isso, conclui-se que o meio de resolução alternativa de litígios é composto pela negociação, conciliação, mediação e arbitragem, que passaram a ocupar certo grau de importância fora do Judiciário em decorrência da efetividade e da rapidez na finalização do conflito analisado, sendo que a conciliação e a mediação também foram empregadas no processo judicial. Entretanto o enfoque deste trabalho será o uso da mediação privada nas desavenças sobre o direito de consumo em Portugal e no Brasil, incluindo ainda a questão transfronteiriça na União Europeia (UE). Diante desses apontamentos, como será que foi a evolução histórica da introdução da mediação nesses países? É o que será explanado no item seguinte.

1.1. EVOLUÇÃO HISTÓRICA

A mediação já era uma técnica utilizada desde a época do filósofo Confúcio, no século V a.C., pois verificava-se que as desavenças da convivência humana eram bem solucionadas quando os próprios homens pudessem compreender e solucionar seus problemas, sem a interferência de qualquer coerção ou imposição de poder[36], com prudência para alcançarem a "justa medida"[37].

---

[34] Artigos 12.º, item 2 e 14.º, item 3 da Lei n.º 144/2015, de 8 de Setembro. LEI n.º 144/2015. *Diário da República I Série* [Em linha]. N.º 175 (08-09-2015). p. 7251-7258. [Consult. 17 Jun. 2020]. Disponível em https://data.dre.pt/eli/lei/144/2015/09/08/p/dre/pt/html.

[35] ALMEIDA, Tania [org.] – *Mediação de Conflitos: para iniciantes, praticantes e docentes.* 2.ª ed. Salvador: JusPodivm, 2019. ISBN 978854422694-0. p. 46.

[36] LIMA, Ticiani Garbellini Barbosa; BENEVIDES, Jonatas Ribeiro – O Desafio do Acesso à Justiça no Brasil e a comparação no Direito Português. *Revista do Curso de Direito Juspopulis.* São Paulo: Faculdade de Barretos. ISSN: 2358-8160. N.º 3 (Dez. 2017), p. 115-128.

[37] BUENO, André da Silva – *O conceito de justa medida em Confúcio e Aristóteles.* Rio de Janeiro: Universidade Gama Filho, 2005. 124 f. Tese de Doutoramento em Filosofia.

Na década de 70, o sistema judicial americano estava no apogeu do próprio colapso, em razão do crescente número de ações em trâmites, culminado na cultura da litigiosidade. Assim, na Conferência de Libras, em 1976, Frank Ernest Arnold Sander destacou as causas da insatisfação popular com a administração da justiça,[38] defendeu a aplicação dos mecanismos extrajudiciais como soluções dos conflitos, além de serem uma possibilidade no processamento da disputa, inserindo no meio jurídico a conciliação, a mediação e a arbitragem.[39] Nessa perspectiva, a denominação dada nos Estados Unidos foi ADR – *Alternative Dispute Resolutions*, por ser uma maneira "rápida e econômica"[40] de solução diante do custo elevado de um processo judicial para o mesmo fim.[41]

1.1.1. Em Portugal

A mediação passou a ser destacada como meio de resolução alternativa de litígios em Portugal a partir do final do século passado, sendo que no começo do nosso século foi a chancela da inserção da mediação na legislação portuguesa[42] com a promulgação do Decreto-Lei n.º 146/1999, de 04 de Maio.

Esse Decreto-Lei[43] regulamentou a criação e o funcionamento de entidades privadas de resolução extrajudicial de conflitos de consumo mediante o registro voluntário no Instituto do Consumidor (IC), estabelecendo princípios e regras, cuja finalidade era otimizar e realçar a credibilidade

---

[38] CEBOLA, Cátia Marques – Da admissibilidade de meios extrajudiciais de resolução de conflitos em matéria ambiental e urbanística – experiências presentes, possibilidades futuras. *RevCEDOUA*. Coimbra: Revista do Centro de Estudos de Direito do Ordenamento, do Urbanismo e do Ambiente. ISSN 0874-1093. Ano XIII, n.º 25 (Jan. 2010), p. 65-84.

[39] *Idem – Ibidem.*

[40] BARBOSA, Águida Arruda – *Mediação Familiar interdisciplinar...*, p. 12.

[41] *Idem – Ibidem.*

[42] Ideia de Jorge Morais Carvalho. CARVALHO, Jorge Morais – A Consagração Legal da Mediação em Portugal. *Revista Julgar.* Editora Coimbra: Associação Sindical dos Juízes Portugueses. ISSN 2184-6200. N.º 15 (Set. 2011), p. 271.

[43] DECRETO-LEI n.º 146/1999. *Diário da República I Série* [Em linha]. N.º 103 (04-05-1999). p. 2352-2354. [Consult. 11 Jul. 2020]. Disponível em https://data.dre.pt/eli/dec-lei/146/1999/05/04/p/dre/pt/html.

dos mecanismos alternativos nos moldes dos princípios estabelecidos na Recomendação da Comissão da União Europeia n.º 98/257/CE, de 30 de Março de 1998[44]. Posteriormente será detalhada a questão da criação desse Instituto.

Essa Recomendação buscou simplificar o acesso à justiça pelos consumidores nos conflitos transfronteiriços para exercerem seus direitos, além de estabelecer os princípios dos procedimentos extrajudiciais empregados para solucionarem os conflitos relacionados à relação de consumo.

O princípio da independência, da transparência, do contraditório, da eficácia, da legalidade, da liberdade e da representação são elencados e definidos nessa Recomendação, para elevar a confiança recíproca entre os organismos extrajudiciais dos Estados-Membros[45]; além de melhorar a segurança do consumidor com esses mecanismos alternativos[46], de modo eficaz, próprio e com decisões rápidas, tendo esses organismos certa atuação ativa.

Cátia Marques Cebola enaltece que esta Recomendação foi importante para definir e delinear os princípios a serem aplicados em qualquer procedimento de resolução extrajudicial de litígios em consumo considerados como meios alternativos ao Judiciário, além de endossar certa confiança aos consumidores, bem como reconhecer e assegurar qualidade a esses métodos optativos[47].

Mário Frota lamenta que a RAL não esteja satisfatória e harmônica nos Estados-Membros que compõem a UE em função do acesso às entidades, ao serviço prestado por elas e informações dadas, sendo esses os motivos que desestimulam a aquisição dos produtos de outros países, além de abalarem a credibilidade de que poderão solucionar qualquer conflito de forma célere e com baixo custo pelos métodos de RAL. Isso afeta inclusive os agentes econômicos que deixam de comercializar em outros Estados-Membros por

---

[44] RECOMENDAÇÃO 98/257/CE da Comissão das Comunidades Europeias. *EUR-Lex Jornal Oficial da União Europeia* [Em linha]. N.º 115 L (17-04-1998). p. 31-34. [Consult. 07 Maio 2020]. Disponível em http://data.europa.eu/eli/reco/1998/257/oj.

[45] *Idem – Ibidem.*

[46] *Idem – Ibidem.*

[47] Ideias de Cátia Marques Cebola. CEBOLA, Cátia Marques – ADR 3.0 @ Resolução *Online* de Conflitos de Consumo em Portugal. *Revista Luso-Brasileira de Direito de Consumo.* ISSN 2237-1168. Vol. VI, n.º 22 (Junho 2016), p. 65-93.

não terem alcance a um procedimento de RAL com qualidade e eficiência, sendo que este contexto demonstra certa concorrência desleal, pois os comerciantes que têm acesso a uma competente entidade de RAL, poderão dirimir rapidamente os seus conflitos transfronteiriços.[48]

Assim, na sessão extraordinária do Conselho Europeu de Tempere em 1999[49], resultou na proposta[50] sobre a assistência jurídica aos processos judiciais transfronteiriços entre os Estados-Membros. Nesse sentido, o interesse era simplificar e acelerar as ações com regras mínimas na UE, bem como o fomento da criação de meios alternativos de resolução de litígios fora dos tribunais.

Segundo Cátia Marques Cebola, o Conselho Europeu de Tempere é reputado como o "[...] marco histórico do termo de *Alternative Dispute Resolution* – ADR na Europa [...] pela Conclusão n.º 30"[51], que instituiu e estimulou a elaboração de normas pelos Estados-Membros para garantir a assistência jurídica nos processos transfronteiriços, além de efetivarem os métodos alternativos de resolução de conflitos.[52] Para Graham Ross, "a plataforma de ODR da UE tem potencial para sensibilizar os consumidores e aumentar o seu acesso à justiça, uma vez que desconhecem os seus direitos [...]"[53], sendo que esse mecanismo possibilita a RALC transfronteiriços de baixo valor.

---

48 FROTA, Mário – Os Mecanismos Alternativos de Resolução de Litígios de Consumo: imperativo europeu, seus reflexos em Portugal. *Revista Portuguesa de Direito do Consumo – RPDC*. Coimbra: Associação Portuguesa de Direito de Consumo. ISSN 0873-9773. N.º 86 (Jun. 2016), p. 69.

49 PARLAMENTO Europeu. *Conselho Europeu de Tempere* [Em linha]. [Consult. 27 Ago. 2020]. Disponível em http://www.europarl.europa.eu/summits/tam_pt.htm.

50 "Conselho Europeu de Tempere: 30. O Conselho Europeu convida o Conselho a estabelecer, com base em propostas da Comissão, normas mínimas que assegurem em toda a União um nível adequado de assistência jurídica nos processos transfronteiras, assim como regras processuais comuns específicas para processos judiciais transfronteiras simplificados e acelerados respeitantes a pequenas acções do foro comercial e de consumidores, bem como a acções de pensões de alimentos e a acções não contestadas. Deverão também ser criados, pelos Estados-Membros, procedimentos extrajudiciais alternativos". *Idem – Ibidem.*

51 CEBOLA, Cátia Marques – Mediação e Arbitragem de Conflitos de Consumo: Panorama português. *Revista Portuguesa de Direito do Consumo – RPDC...*, p. 13-49.

52 *Idem – Op. Cit.* p. 13-49.

53 RALC (doravante, Resolução Alternativa de Litígios de Consumo). ROSS, Graham – The Possible Unintended Consequences of the European Directive on Alternative Dispute

Enfatiza ainda que em 1975 houve a elaboração do Programa Preliminar da Comunidade Económica Europeia para uma política de proteção e informação dos consumidores pela Resolução do Conselho, de 14 de Abril de 1975, que já tratava da celeridade da reparação dos danos causados aos consumidores de forma rápida, eficaz e não dispendiosa, tendo ainda a menção ao estudo sobre o "[...] sistema de arbitragem e de conciliação dos litígios que existem nos Estados-Membros"[54].[55]

Esse Programa Preliminar teve previsão da continuação das suas ações já empreendidas para os anos de 1981 a 1986 pela Resolução do Conselho, de 19 de Maio de 1981, que tratava do Segundo Programa da Comunidade Económica Europeia para melhorar a segurança do consumidor nas aquisições de produtos e nas prestações dos serviços, incluída a proteção à saúde. Tendo ainda a declaração de designar "[...] organismos de conciliação quer a título preventivo com vista a pôr termo de modo amigável"[56], bem como a arbitragem.[57]

A Resolução do Conselho, de 23 de Junho de 1986, estabeleceu orientações para a política da Comunidade Económica Europeia, tendo como objetivo "[...] a defesa e a promoção dos interesses dos consumidores"[58], além de analisar as ações dos Programas anteriores, tendo como fundamento o programa intitulado "Novo Impulso".[59]

Resolution and the Regulation on Online Dispute Resolution. *Revista Democracia Digital e Governo Eletrônico.* [s. l.]: Fundação Boiteux. ISSN 2175-9391. Vol. 1, n.º 10 (2014), p. 217-218.

[54] Artigos 32 e 33 da Resolução do Conselho de 14 de Abril de 1975. RESOLUÇÃO do Conselho. *Jornal Oficial das Comunidades Europeias* [Em linha]. N.º C 92/1 (14-04-75), p. 65-80. [Consult. 27 Jul. 2020]. Disponível em https://op.europa.eu/pt/publication-detail/-/publication/26d73eca-e878-4d14-8d1b-0c6fdc73b323/language-pt.

[55] CEBOLA, Cátia Marques – Mediação e Arbitragem de Conflitos de Consumo: Panorama português. *Revista Portuguesa de Direito do Consumo – RPDC...*, p. 13-49.

[56] Artigo 34 da Resolução do Conselho. RESOLUÇÃO do Conselho. *Jornal Oficial das Comunidades Europeias* [Em linha]. N.º C 133/1 (19-05-81), p. 6-16. [Consult. 28 Jul. 2020]. Disponível em https://op.europa.eu/pt/publication-detail/-/publication/df7dfa0f-913f-4685-b0a0-69ba1f25db04/language-pt/format-PDF/source-search.

[57] *Idem – Ibidem.*

[58] RESOLUÇÃO do Conselho. *Jornal Oficial das Comunidades Europeias* [Em linha]. N.º C 167/1 (23-06-86), p. 1-2. [Consult. 28 Jul. 2020]. Disponível em https://op.europa.eu/pt/publication-detail/-/publication/5b985977-11ae-4174-9fad-c30b7c3d6340/language-pt/format-PDF/source-search.

[59] *Idem – Ibidem.*

Em decorrência da formação do bloco econômico da UE, considerado sem fronteiras internas para garantir a livre circulação de mercadorias, de pessoas, de capitais e de serviços[60], que ocasionaram o aumento das transações transfronteiriças, sobretudo com o surgimento do comércio eletrônico, houve certa preocupação do acesso à justiça nas relações de consumo.

Nesse contexto, para assegurar e garantir o funcionamento do mercado interno da UE, o Tratado sobre o Funcionamento da União Europeia (TFUE) estipulou a defesa dos direitos dos consumidores, que engloba a proteção da saúde, da segurança, dos interesses econômicos, além do direito à informação e à educação[61]. Diante disso, o Parlamento Europeu e o Conselho da União Europeia apresentaram a Diretiva n.º 2000/31/CE, de 08 de Junho de 2000, intitulada como "Diretiva sobre comércio eletrônico".[62]

Essa Diretiva[63] visava à confiança do consumidor através da criação de leis sobre o comércio eletrônico no mercado interno, sendo um espaço sem fronteiras internas para a livre circulação de mercadorias e de serviços, nos moldes do Tratado da União Europeia, também denominado de Tratado de Maastricht, assinado em 07 de fevereiro de 1992[64].

À luz das definições estabelecidas por esta Diretiva, consumidor é "qualquer pessoa singular que actue para fins alheios à sua atividade comercial, empresarial ou profissional".[65] Nesse diapasão, a Diretiva corrobora com a resolução de litígios extrajudicialmente, até mesmo

60 Artigo 26.º (Mercado Interno) – item 2. TRATADO sobre o Funcionamento da União Europeia. *Jornal Oficial da União Europeia* [Em linha]. N.º 202 (07-06-2016). p. 47-199. [Consult. 29 Jan. 2020]. Disponível em https://eur-lex.europa.eu/resource.html?uri=cellar:9e8d52e1-2c70-11e6-b497-01aa75ed71a1.0019.01/DOC_3&format=PDF.

61 *Idem – Ibidem.*

62 DIRETIVA 2000/31/CE do Parlamento Europeu e do Conselho, de 17 de Julho. *EUR-Lex Jornal Oficial da União Europeia* [Em linha]. N.º 178 L (17/07/2000). p. 1-16. [Consult. 7 Maio 2020]. Disponível em http://data.europa.eu/eli/dir/2000/31/oj.

63 Ideias dos considerandos 1, 7 e 8 da Diretiva n.º 2000/31/CE. *Idem – Ibidem.*

64 TRATADO da União Europeia. *Conselho das Comunidade Europeias* [Em linha]. Luxemburgo. (07 Fev. 1992), p. 1-264. [Consult. 24 Jan. 2020]. Disponível em https://europa.eu/european-union/sites/europaeu/files/docs/body/treaty_on_european_union_pt.pdf.

65 Artigo 2.º, alínea "f" da Diretiva n.º 2000/31/CE. DIRETIVA 2000/31/CE do Parlamento Europeu e do Conselho. *EUR-Lex Jornal Oficial da União Europeia* [Em linha]. N.º 178 L (17/07/2000). p. 1-16. [Consult. 7 Maio 2020]. Disponível em http://data.europa.eu/eli/dir/2000/31/oj.

através de um sistema eletrônico, sendo fomentada pelos Estados-Membros da UE.[66]

Novamente em relação aos conflitos consumeristas, a Comissão das Comunidades Europeias aprovou a Recomendação n.º 2001/310/CE, de 04 de Abril de 2001, que tratou dos princípios a serem aplicados na resolução consensual de litígios de consumo[67], cuja finalidade é assegurar e facilitar de forma simples a compreensão das partes sobre a transparência, a imparcialidade e a eficiência na solução dos conflitos.[68]

Essa liberdade econômica decorrente dos ditames do direito comunitário ocasionou o fácil e rápido deslocamento de serviços e de mercadorias entre os Estados-Membros, diante disso a Recomendação n.º 2001/310/CE inovou para garantir o acesso à justiça com a sugestão dos Estados-Membros utilizarem um "[...] sistema eletrônico de resolução de litígios [...]", sem a presença física das partes nos conflitos que envolvem distintas jurisdições.[69] Nesse contexto, verifica-se que houve certa preocupação em proteger os direitos do consumidor na UE, sendo a resolução dos conflitos em instâncias extrajudiciais o meio alternativo que reúne vantagens em relação ao sistema judicial.

Essa Recomendação n.º 2001/310/CE propôs os princípios que devem ser utilizados na tentativa das partes voluntariamente chegarem a um consenso, diferente da Recomendação 98/257/CE, cuja intervenção do terceiro era para determinar uma proposta de resolução, que poderia ter carácter vinculativo ou não.[70] Além disso, aquela Recomendação não revogou esta, pois apenas fortaleceu e ampliou a abrangência dos princípios.[71]

Nesse seguimento, o princípio da independência, da transparência, do contraditório, da eficácia, da legalidade, da liberdade e da representação foram elencados na Recomendação n.º 98/257/CE.[72] Em contrapartida, a

---

[66] Artigo 17.º da Diretiva n.º 2000/31/CE. *Idem – Ibidem.*

[67] RECOMENDAÇÃO 2001/310/CE da Comissão das Comunidades Europeias. *EUR-Lex Jornal Oficial da União Europeia* [Em linha]. N.º 109 L (19-04-2001). p. 56-61. [Consult. 7 Maio 2020]. Disponível em http://data.europa.eu/eli/reco/2001/310/oj.

[68] Ideias da Recomendação n.º 2001/310/CE. *Idem – Ibidem.*

[69] Ideias do considerando 6 da Recomendação n.º 2001/310/CE. *Idem – Op. Cit.* p. 57.

[70] Ideias do considerando 3 da Recomendação n.º 2001/310/CE. *Idem – Op. Cit.* p. 56.

[71] CEBOLA, Cátia Marques – Mediação e Arbitragem de Conflitos de Consumo: Panorama português. *Revista Portuguesa de Direito do Consumo – RPDC...*, p. 23.

[72] RECOMENDAÇÃO 98/257/CE da Comissão das Comunidades Europeias. *EUR-Lex Jornal...*, p. 31-34.

Recomendação n.º 2001/310/CE estipulou o princípio da imparcialidade, da transparência, da eficácia e da equidade, que não obstaculizam os princípios da Recomendação n.º 98/257/CE.[73]

Diante desse debate sobre o melhor acesso à justiça na Europa, ocasionou a publicação da Diretiva n.º 2008/52/CE[74], do Parlamento Europeu e do Conselho, de 21 Maio de 2008, que introduziu a mediação na seara civil e comercial, tendo como destinatários os Estados-Membros da UE, que teriam até o dia 21 de maio de 2011 para criarem os próprios procedimentos extrajudiciais alternativos.

Nessa perspectiva, a mediação passou a integrar definitivamente o quadro legal do direito comunitário, uma vez que a Diretiva n.º 2008/52/CE, que é o "[...] instrumento juridicamente vinculante para os Estados-Membros[...]"[75], estabeleceu determinadas diretrizes normativas para adequarem as normas internas de cada um com as comunitárias.

Na concepção da Diretiva n.º 2008/52/CE, a mediação viabiliza uma solução extrajudicial célere e pouco onerosa para as partes, que impulsionam o procedimento, além de ter mais probabilidade dos acordos serem cumpridos voluntariamente e de permanecer a relação existente entre elas.[76]

Apresenta ainda o conceito de litígios transfronteiriços, que ocorre quando "uma das partes tenha domicílio ou residência habitual num Estado-Membro distinto do de qualquer das outras partes"[77] e estabelece que o Judiciário está em equivalência com a mediação, tanto que mesmo após uma

---

[73] RECOMENDAÇÃO 2001/310/CE da Comissão das Comunidades Europeias. *EUR-Lex Jornal...*, p. 56.

[74] DIRETIVA 2008/52/CE do Parlamento Europeu e do Conselho. *Jornal Oficial da União Europeia* [Em linha]. N.º 136 L (21-05-2008). p. 3-8. [Consult. 7 Maio 2020]. Disponível em https://eur-lex.europa.eu/LexUriServ/LexUriServ.do?uri=OJ:L:2008:136:0003:0008:PT:PDF.

[75] LOPES, Ana Raquel Correia – *A Diretiva Comunitária 2008/52/CE relativa a certos aspectos da mediação em matéria civil e comercial: a sua transposição par ao ordenamento jurídico português e uma perspectiva de direito comparado.* Coimbra: Universidade de Coimbra, 2014. 63 f. 2º Ciclo de Estudos em Direito. p. 8.

[76] Ideias dos considerandos 6 e 13, artigo 1.º, itens 1 e 2 da Diretiva n.º 2008/52/CE. DIRETIVA 2008/52/CE do Parlamento Europeu e do Conselho. *Jornal Oficial da União Europeia...*, p. 3-4.

[77] Artigo 2.º da Diretiva n.º 2008/52/CE. *Idem – Op. Cit.* p. 6.

tentativa frustrada de resolução de litígio extrajudicial, as partes poderão recorrer ao sistema judicial.[78]

Além disso, cada Estado-Membro deverá estimular a formação de mediadores para a realização de uma mediação imparcial e eficiente ajustada ao Código de Conduta Europeu para Mediadores, disposto no Livro Verde.[79] Sendo aplicada apenas aos conflitos civis e comerciais e, por isso exclui os que envolvem os direitos indisponíveis, fiscais, aduaneiros, administrativos e que versem sobre a responsabilidade estatal.[80] Jorge Pegado Liz aponta que o Livro Verde "[...] reforça a ideia do recurso aos meios não judiciais para resolução de litígios transfronteiras de consumo"[81].

Em relação à executoriedade dos acordos extraterritoriais firmados à luz dessa Diretiva, para terem a eficácia de um título executivo, estabeleceu a necessidade do órgão jurisdicional ou outra autoridade competente do Estado-Membro ratificá-los por sentença, decisão ou ato autêntico.[82]

Nesse contexto, no início do século XXI, houve a criação e a implementação da Rede Europeia Extrajudicial (EEJ-net) para resolver os conflitos transfronteiriços de consumo como resolução extrajudicial e que foi substituída pela atual ECC-net, decorrente da junção da "*Euroguichets*"[83], que auxiliavam o serviço prestado pela ECC-net[84]. Em relação à questão financeira, como "[...] banco, seguros e valores imobiliários"[85], surgiu a FIN-net, em 2001, resultado da união das entidades nacionais do Espaço Económico Europeu[86].

---

[78] Ideia dos considerandos 14 e 19, artigo 5.º, item 2 da Diretiva n.º 2008/52/CE. *Idem – Op. Cit.* p. 4-7.

[79] Ideia dos considerandos 16 e 17 da Diretiva 2008/52/CE. *Idem – Op. Cit.* p. 4.

[80] Ideia do artigo 1.º, item 2 da Diretiva n.º 2008/52/CE. *Idem – Op. Cit.* p. 6.

[81] LIZ, Jorge Pegado – *Justiças Alternativas*. Lisboa: Observare – Universidade Autónoma de Lisboa, 2004. ISBN 989-619-020-8. p. 1-7.

[82] Ideia do artigo 6.º da Diretiva n.º 2008/52/CE. DIRETIVA 2008/52/CE do Parlamento Europeu e do Conselho. *Jornal Oficial da União Europeia...*, p. 7.

[83] CEBOLA, Cátia Marques – Mediação e Arbitragem de Conflitos de Consumo: Panorama português. *Revista Portuguesa de Direito do Consumo – RPDC...*, p. 23.

[84] *Idem – Ibidem.*

[85] CEBOLA, Cátia Marques – Mediação e Arbitragem de Conflitos de Consumo: Panorama português. *Revista Portuguesa de Direito do Consumo – RPDC...*, p. 23.

[86] *Idem – Ibidem.*

Assim, cada Estado-Membro que compõe a UE teria um Centro de Coordenação, denominado "*Clearing Houses*"[87] para funcionar essas Redes, que possibilitavam a interlocução entre o consumidor e o fornecedor de produto ou prestador de serviço, e isso não assegura a solução do conflito em questão.[88] Nesse sentido, não havendo um acordo, o consumidor terá que procurar o Judiciário ou os métodos de RAL. Em Portugal, a ECC-net está no Centro Europeu do Consumidor da Direção-Geral do Consumidor[89], já a FIN-net, na Comissão do Mercado de Valores Mobiliários (CMVM)[90]. Mesmo que não tenham tido tanto uso, o procedimento adotado nessas redes extrajudiciais é similar ao que fora estabelecido para a plataforma criada no Brasil intitulada "*www.consumidor.gov.br*", que será esclarecida posteriormente.

A Diretiva n.º 2013/11/UE, de 21 de Maio de 2013, denominada de Diretiva RALC, trata especificamente dos consumidores, tendo a finalidade da propagação da resolução alternativa de litígios na área de consumo além das fronteiras, como uma forma "[...] fácil, rápida e barata [...]"[91], sendo um incentivo aos Estados-Membros para utilizarem esse método alternativo[92].

A intenção com a criação desta Diretiva foi para que os consumidores e as empresas conhecessem a RAL e dessem credibilidade a esse mecanismo de resolução extrajudicial de conflito. Sendo, ainda, um dos enfoques a preocupação com os conflitos decorrentes do comércio eletrônico transfronteiriços.

Na questão da aplicabilidade, a Diretiva n.º 2013/11/UE engloba os procedimentos estabelecidos na Diretiva n.º 2008/52/CE, além de abranger todas as entidades de RAL já existentes nos Estados-Membros e que se

---

87 *Idem – Op. Cit.* p. 24

88 CEBOLA, Cátia Marques – ADR 3.0 @ Resolução *Online* de Conflitos de Consumo em Portugal. *Revista Luso-Brasileira de Direito de Consumo...*, p. 67-68.

89 RESOLUÇÃO do Conselho de Ministros n.º 18/2001. *Diário da República I Série B* [Em linha]. N.º 44 (21-02-2001). p. 940-940. [Consult. 3 Ago. 2020]. Disponível em https://data.dre.pt/eli/resolconsmin/18/2001/02/21/p/dre/pt/html.

90 COMISSÃO do Mercado de Valores Mobiliários – CMVM. *A FIN-NET* [Em linha]. [Consult. 03 Ago. 2020]. Disponível em https://www.cmvm.pt/pt/AreadoInvestidor/Informa%C3%A7%C3%A3oInvestidor/Fin-net/Pages/fin-net.aspx.

91 DIRETIVA n.º 2013/11/UE. *EUR-Lex Jornal Oficial da União Europeia* [Em linha]. N.º 165 L (18-06-2013). p. 63. [Consult. 20 Out. 2020]. Disponível em https://eur-lex.europa.eu/legal-content/PT/TXT/PDF/?uri=CELEX:32013L0011&from=MT.

92 *Idem – Op. Cit.* p. 68.

enquadram nos requisitos e na lista dessa Diretiva, inclusive as que serão criadas. Sendo que a Diretiva n.º 2013/11/UE não inviabiliza as entidades de RAL que já funcionavam nos Estados-Membros.

Há a previsão dos procedimentos não serem tão caros[93], além das partes serem informadas dos seus direitos e do resultado se concordarem com a proposta da solução da RAL[94], sendo que os comerciantes não estão obrigados a concordarem em solucionar tal conflito por esse método, visto que tal resolução não é vinculante aos outros consumidores[95].

Observa Cátia Marques Cebola que a Lei n.º 144/2015, de 8 de Setembro, que será novamente examinada no tópico referente às agências existentes em Portugal, transpôs essa Diretiva e criou a Rede de Arbitragem de Consumo (RAC), além de revogar os Decretos-Leis n.ºs 146/1999, de 4 de maio e 60/2011, de 6 de maio, que tratavam respectivamente das regras e dos princípios a serem aplicados nas entidades privadas de resolução extrajudicial dos conflitos de consumo e da Rede Nacional de Centros de Arbitragem Institucionalizada (RNCAI). Mesmo tendo a vigência prevista para 23 de Setembro de 2015, acabou sendo executada apenas em Março de 2016[96]. Essa lei trata dos princípios e das regras, que incluem a imparcialidade, independência, transparência, equidade, informação e eficácia, pois devem reger o funcionamento e o enquadramento das entidades que solucionam de forma alternativa os litígios de consumo (RALC) e extrajudicialmente, compreendidas as que operam em rede, tendo o controle total pelo registro nacional[97]. Já houve três alterações pelas Leis n.ºs 14/2019, de 12 de Fevereiro e 75 B/2020, de 31/12, pelo recente Decreto-Lei n.º 9/2021, de 29/01.[98]

---

[93] Considerando 5 da DIRETIVA n.º 2013/11/UE. DIRETIVA n.º 2013/11/UE. *EUR-Lex Jornal Oficial da União Europeia* [Em linha]. N.º 165 L (18-06-2013). p. 63. [Consult. 16 Mar. 2021]. Disponível em https://eur-lex.europa.eu/legal-content/PT/TXT/PDF/?uri=CELEX:32013L0011&from=MT.

[94] *Idem – Op. Cit.* p. 67.

[95] *Idem – Op. Cit.* p. 68.

[96] CEBOLA, Cátia Marques – ADR 3.0 @ Resolução *Online* de Conflitos de Consumo em Portugal. *Revista Luso-Brasileira de Direito de Consumo...*, p. 70.

[97] Artigo 16.º da Lei n.º 144/2015, de 8 de Setembro. LEI n.º 144/2015. *Diário da República I Série* [Em linha]. N.º 175 (08-09-2015). p. 7251-7258. [Consult. 17 Jun. 2020]. Disponível em https://data.dre.pt/eli/lei/144/2015/09/08/p/dre/pt/html.

[98] *Idem – Ibidem.*

Essa lei prevê ainda o Centro Europeu do Consumidor como apoio em linha (*on-line*) aos consumidores, sendo o ponto de contato nacional[99] para os portugueses que tiverem conflitos transfronteiriços e terem acesso à entidade de RAL localizada em outro Estado-Membro da UE, por meio da "plataforma eletrônica de resolução de conflitos em linha"[100] e que possa resolver questões relacionadas à relação de consumo, seja contrato de compra e venda ou prestação de serviço[101], nos moldes do artigo 7.º, item 1 do Regulamento n.º 524/2013, do Parlamento Europeu e do Conselho, de 21 de Maio, que trata da "rede de pontos de contacto de RLL"[102], e está em exercício desde fevereiro de 2016[103], porém não teve tanta importância nesse contexto de RALC para os portugueses em comparação à plataforma brasileira denominada "*www.consumidor.gov.br*".

Esse Regulamento prevê a criação da plataforma pan-europeia[104] de resolução de litígios em linha (RLL), referente aos contratos celebrados pela *internet*, sendo gratuita[105], porém há um custo ao aderir o procedimento RALC[106], disponibilizado em todas as línguas oficiais dos Estados-Membros[107] para que a UE tenha mecanismos de RAL efetivos e fortes[108], considerado como o local de reclamações do comércio eletrônico, e assim, o Mercado

---

[99] Artigo 20.º, item 2 da Lei n.º 144/2015, de 8 de Setembro. *Idem – Ibidem.*

[100] Artigo 6.º, item 1, alínea "g" da Lei n.º 144/2015, de 8 de Setembro. *Idem – Ibidem.*

[101] Artigo 20.º da Lei n.º 144/2015, de 8 de Setembro. *Idem – Ibidem.*

[102] Artigo 7.º do Regulamento n.º 524/2013 do Parlamento Europeu e do Conselho, de 21 de Maio. REGULAMENTO n.º 524/2013. *Jornal Oficial da União Europeia* [Em linha]. N.º 165 L (18/06/2013). p. 1-12. [Consult. 24 Jan. 2020]. Disponível em https://eur-lex.europa.eu/legal-content/PT/TXT/PDF/?uri=CELEX:32013R0524&from=EN.

[103] CEBOLA, Cátia Marques – ADR 3.0 @ Resolução *Online* de Conflitos de Consumo em Portugal. *Revista Luso-Brasileira de Direito de Consumo...*, p. 68.

[104] CREUTZELDT, Naomi – Implementação da Diretiva ADR do Consumidor. *Revista de Direito Europeu do Consumidor e Mercado – EuCML.* Amsterdã: Universidade Visão de Futuro Westminster. ISSN 2364-4710. Ano 5, n.º 4 (Fev. 2016), p. 169-175.

[105] Artigo 5º, item 1 do Regulamento n.º 524/2013 do Parlamento Europeu e do Conselho, de 21 de Maio. REGULAMENTO n.º 524/2013. *Jornal Oficial da União Europeia...*, p. 6.

[106] Artigo 9º, item 7 do Regulamento n.º 524/2013 do Parlamento Europeu e do Conselho, de 21 de Maio. *Idem – Op. Cit.* p. 8.

[107] Artigo 5.º, item 2 do Regulamento n.º 524/2013 do Parlamento Europeu e do Conselho, de 21 de Maio. *Idem – Op. Cit.* p. 6.

[108] DIRETIVA n.º 2013/11/UE. DIRETIVA n.º 2013/11/UE. *EUR-Lex Jornal...*, p. 67.

Único Digital[109] terá mais credibilidade pelos consumidores, bem como pelas empresas. Altera o Regulamento n.º 2006/2004, do Parlamento Europeu e do Conselho, de 27 de outubro de 2004, bem como a Diretiva n.º 2009/22/CE, do Parlamento Europeu e do Conselho, de 23 de abril de 2009[110]. Esse Regulamento teve aplicabilidade efetiva nos Estados-Membros em 15 de Janeiro de 2016[111], entretanto a entidade de RAL não está obrigada a solucionar a questão com o consumidor pela plataforma[112].

Jorge Morais Carvalho, João Pedro Pinto-Ferreira e Joana Campos Carvalho[113] entendem que a plataforma RLL ultrapassou a barreira linguística, uma vez que nem todas as entidades de RAL realizavam o procedimento em uma língua estrangeira, mesmo diante do disposto no artigo 6º, item 1, alínea “e” da Lei n.º 144/2015, de 8 de Setembro, que dispõe sobre os litígios em linha[114]. Além disso, enaltecem que a convocação de uma audiência presencial das partes nos conflitos transfronteiriços dificulta e torna inoperante a operacionalidade da RLL[115], pois a Diretiva n.º 2013/11/UE, deixa claro que as informações e os elementos de prova poderão ser apresentados “[...] sem estarem fisicamente presentes”[116].

Esses doutrinadores criticam que a falta de informação sobre a plataforma RLL ao consumidor e ao profissional tornará ineficaz esta forma extrajudicial de solucionar os conflitos na área de consumo e que “[...] o principal obstáculo ao sucesso da plataforma é a não intervenção da entidade de RALC na

---

[109] REGULAMENTO n.º 524/2013. *Jornal Oficial da União Europeia...*, p. 1-12.

[110] *Idem – Ibidem.*

[111] CENTRO Europeu do Consumidor ECC-Net. *Resolução de Litígios em Linha (RLL)* [Em linha]. [Consult. 02 Jun. 2020]. Disponível em https://cec.consumidor.pt/topicos1/resolucao-de-conflitos-/resolucao-de-litigios-em-linha.aspx.

[112] Artigo 10.º, alínea “d” do Regulamento n.º 524/2013 do Parlamento Europeu e do Conselho, de 21 de Maio. REGULAMENTO n.º 524/2013. *Jornal Oficial da União Europeia...*, p. 9.

[113] CARVALHO, Jorge Morais; PINTO-FERREIRA, João Pedro; CARVALHO, Joana Campos – *Manual de Resolução...*, p. 118.

[114] Artigo 6º, item 1, alínea “e” da Lei n.º 144/2015, de 8 de Setembro. LEI n.º 144/2015. *Diário da República I Série...*, p. 7251-7258.

[115] CARVALHO, Jorge Morais; PINTO-FERREIRA, João Pedro; CARVALHO, Joana Campos – *Manual de Resolução...*, p. 118.

[116] Considerando n.º 42 da Diretiva n.º 2013/11/UE do Parlamento Europeu e do Conselho. DIRETIVA n.º 2013/11/UE. *EUR-Lex Jornal...*, p. 67.

fase inicial do procedimento"[117]. Mesmo que o Regulamento exija que os comerciantes tenham nos seus próprios *sites* a ligação à plataforma[118], em uma pesquisa realizada em 2016, esta informação não era acessível claramente. Assim, concluem que "[...] mesmo nos casos em que a informação é disponibilizada na página do profissional [...] do ponto de vista substancial, a realidade é totalmente equivalente àquela em que a informação não é prestada"[119].[120]

Cátia Marques Cebola denomina a plataforma de RLL como "[...] website interativo"[121] entre consumidores e agentes econômicos da UE para dirimirem eletronicamente o conflito pelos procedimentos extrajudiciais disponibilizados pelas entidades de RAL cadastradas nos Estados-Membros.[122]

Sendo esta a crítica que Cátia Marques Cebola faz, porque o Regulamento RLL não dispõe de outro meio de solução, restando ao consumidor o Judiciário. Além disso, quando o consumidor e o agente econômico forem de países distintos, cada um escolherá a entidade de RAL do seu país em função da confiança e segurança, existindo outro agravante para a obtenção do consenso entre os envolvidos, por haver certa resistência em aceitarem uma entidade de RAL de outro Estado-Membro.[123] Por isso que a composição de litígios transfronteiriços é tão custosa.

Pablo Cortés e Arno R. Lodder enaltecem que a obrigatoriedade de informar sobre a RLL pode não ser um impulsionador para o uso da plataforma, mas "[...] exerce seguramente um significativo efeito persuasivo sobre o profissional"[124]. Já Sandra Passinhas, esclarece que a "[...] plataforma

---

117 CARVALHO, Jorge Morais; PINTO-FERREIRA, João Pedro; CARVALHO, Joana Campos - *Manual de Resolução Alternativa...*, p. 228.

118 Artigo 14.º, item 1 do Regulamento n.º 524/2013 do Parlamento Europeu e do Conselho, de 21 de Maio. REGULAMENTO n.º 524/2013. *Jornal Oficial da União Europeia...*, p. 9.

119 CARVALHO, Jorge Morais; PINTO-FERREIRA, João Pedro; CARVALHO, Joana Campos - *Manual de Resolução Alternativa...*, p. 226

120 *Idem - Op. Cit.* p. 225-226

121 CEBOLA, Cátia Marques - ADR 3.0 @ Resolução *Online* de Conflitos de Consumo em Portugal. *Revista Luso-Brasileira de Direito de Consumo...*, p. 68.

122 *Idem - Ibidem.*

123 *Idem - Op. Cit.* p. 69-70.

124 CORTÉS, Pablo; LODDER, Arno R. - Resolução de Disputas do Consumidor *Online*: Reflexões sobre a Evolução de Lei Europeia para Reparação fora do Tribunal. *Jornal Europeu Maastricht e Lei Comparativa*. Holanda: Universidade de Maastricht. ISSN 2399-5548. N.º 1 (Jan. 2014), p. 30.

europeia de RLL ('plataforma de RLL') deve facilitar a resolução de litígios entre consumidores e comerciantes, *em linha e por via extrajudicial*, de forma independente, imparcial, transparente, eficaz, célere e justa"[125].

Após a evolução das normas relativas à RAL na UE, Portugal promulgou a Lei n.º 29/2009[126], de 29 de Junho (Lei do Inventário), que marcou o introito da mediação no Código de Processo Civil, tendo as inclusões dos artigos 249.º-A a 249.º-C e 279.º-A, cujas partes poderiam recorrer à instância extrajudicial antes de ingressarem no Judiciário.[127]

Esta Lei n.º 29/2009, de 29 de Junho foi a transposição da Diretiva n.º 2008/52/CE, que ocorreu no prazo estipulado para os Estados-Membros da UE, porém não foi através de um ordenamento autônomo para tratar da mediação, que só surgiu com a Lei n.º 29/2013, de 19 de abril (denominada Lei Geral da Mediação)[128].

Contudo, a Lei n.º 23/2013, de 5 de Março[129] revogou a Lei n.º 29/2009, de 29 de Junho, porém permaneceu a previsão da mediação pré-judicial no Código de Processo Civil até a promulgação da Lei Geral da Mediação, que revogou em seu artigo 49.º[130] essa disposição da mediação pré-judicial no presente Código.

A Lei n.º 29/2009, de 29 de Junho, previa que em qualquer fase do processo judicial, o tribunal poderia remeter os autos para o sistema de mediação[131] e se houvesse acordo na mediação pré-judicial ou no curso do

---

[125] PASSINHAS, Sandra – Alterações recentes no âmbito da resolução alternativa de litígios de consumo. In *O Contrato na gestão do risco e na garantia da equidade*. Coimbra: Universidade de Coimbra, 2015. ISBN 9789898787439. p. 377.

[126] LEI n.º 29/2009. *Diário da República I Série* [Em linha]. N.º 123 (29-06-2009). p. 4192-4208. [Consult. 8 Maio 2020]. Disponível em https://data.dre.pt/eli/lei/29/2009/06/29/p/dre/pt/html.

[127] Ideia do artigo 273.º do Código de Processo Civil. *Idem – Op. Cit.* p. 4205.

[128] LEI n.º 29/2013. *Diário da República I Série* [Em linha]. N.º 77 (19-04-2013). p. 2278-2284. [Consult. 9 Maio 2020]. Disponível em https://data.dre.pt/eli/lei/29/2013/04/19/p/dre/pt/html.

[129] LEI n.º 23/2013. *Diário da República I Série* [Em linha]. N.º 45 (05-03-2013). p. 1220-1235. [Consult. 27 Jul. 2020]. Disponível em https://dre.pt/pesquisa/-/search/259267/details/maximized.

[130] Artigo 49.º Norma revogatória: São revogados: a) Os artigos 249.º-A a 249.º-C do Código de Processo Civil. LEI n.º 29/2013. *Diário da República I Série...*, p. 2278-2284.

[131] LEI n.º 29/2009. *Diário da República I Série...*, p. 4205.

litígio, deveria advir a homologação pelo próprio tribunal.[132] Estipulava ainda no artigo 249.ºA, aditamento ao Código de Processo Civil anterior, um dos princípios norteadores da RAL que é a confidencialidade[133] juntamente com a ressalva de sua aplicabilidade.[134]

Houve ainda a regulamentação da suspensão dos prazos de caducidade e de prescrição na mediação pré-judicial para dar segurança às partes através da Portaria n.º 203/2011, de 20 de Maio[135], que normatizou essa questão para o sistema público de mediação, elidindo a "mediação *ad-hoc* ou privada"[136], revogada expressamente pela Lei n.º 29/2013, de 19 de Abril[137].

A Lei n.º 29/2009, de 29 de junho, que fora revogada quase integralmente pela Lei n.º 23/2013, de 5 de Março, contudo manteve a previsão da mediação para os processos judiciais referentes à separação, divórcio, declaração de nulidade ou anulação de casamento[138], até a promulgação da Lei n.º 29/2013, de 19 de Abril que a revogou totalmente[139].

Nesta evolução histórica da previsão da mediação na legislação portuguesa, a Constituição da República Portuguesa estabeleceu como um dos ditames expressos do artigo 202.º, n.º 4, as formas de composição e os instrumentos de transações extrajudiciais, e que serão regulamentados por uma lei.[140]

---

[132] Ideia do artigo 273.º do Código de Processo Civil. *Idem – Op. Cit.* p. 4205.

[133] No vigente Código de Processo Civil de Portugal (Lei n.º 41/2013, de 26 de junho) não há remissão ao Princípio da Confidencialidade.

[134] LEI n.º 29/2009. *Diário da República I Série...*, p. 4205.

[135] PORTARIA n.º 203/2011. *Diário da República I Série* [Em linha]. N.º 98 (20-05-2011). p. 2883-2883. [Consult. 27 Ago. 2020]. Disponível em https://dre.pt/pesquisa/-/search/287776/details/maximized.

[136] CEBOLA, Cátia Marques – A Mediação Pré-judicial em Portugal: Análise do Novo Regime Jurídico. *Revista da Ordem dos Advogados*. Lisboa: Ordem dos Advogados. ISSN 0870-8118. Ano 70, n.º I-IV (Janeiro 2010). p. 441-459.

[137] Artigo 49.º, alínea "e" da Lei n.º 29/2013, 19 de Abril. p. 2278-2284. LEI n.º 29/2009. *Diário da República I Série...*, p. 2278-2284.

[138] Item 3 do artigo 1133.º. LEI n.º 117/2019. *Diário da República I Série* [Em linha]. N.º 176 (13-09-2019). p. 36-65. [Consult. 27 Jan. 2020]. Disponível em https://data.dre.pt/eli/lei/117/2019/09/13/p/dre.

[139] Artigo Artigo 49.º, alínea "c" da Lei n.º 29/2013, 19 de Abril. LEI n.º 29/2009. *Diário da República I Série...*, p. 2278-2284.

[140] *CONSTITUIÇÃO da República Portuguesa: Lei Constitucional n.º 1-2005, de 12 de Agosto.* 4.ª ed. – Coimbra: Editora Almedina, 2017. ISBN 978-972-40-6867-1. p. 34.

Nesse contexto, a mediação começou a ser citada em várias legislações portuguesas, como no Decreto-Lei n.º 314/1978, de 27 de Outubro[141], sobre a Organização Tutelar de Menores, que fora alterado pela Lei n.º 133/1999, de 28 de Agosto[142], sendo que previa a utilização da mediação em qualquer fase, conforme o interesse do juiz, visando o melhor para o menor, juntamente com a anuência ou por requerimento dos interessados[143].

Como também no Decreto-Lei n.º 314/1978, de 27 de Outubro, que foi revogado pela Lei n.º 141/2015, de 08 de Setembro, na 14ª versão dele, sendo que mesmo diante das alterações realizadas, houve a manutenção da mediação no tema sobre tutela civil, em razão da importância e eficiência de tal mecanismo nesta seara.

Já o Decreto-Lei n.º 486/1999, de 13 de Novembro, que é o Código dos Valores Mobiliários, também menciona a mediação como opção de procedimento a ser adotado pela Comissão do Mercado de Valores Mobiliários (CMVM)[144], e essa disposição também permaneceu no Novo Código, pelo Decreto-Lei n.º 144/2019, 23 de Setembro, determinando sobre a mediação de conflitos e o procedimento de mediação[145]. Sendo que a Lei n.º 35/2018, de 20 de Julho, alterou as regras sobre a comercialização de produtos financeiros e a organização dos intermediários financeiros, tendo ainda a possibilidade do uso da mediação entre os investidores não profissionais perante os intermediários financeiros, os consultores para investimento e com as entidades gestoras de mercados regulamentados no Novo Código.[146]

[141] DECRETO-LEI n.º 314/1978. *Diário da República I Série* [Em linha]. N.º 248 (27-10-1978). p. 2256-2281. [Consult. 14 Jul. 2020]. Disponível em https://dre.pt/web/guest/pesquisa/-/search/327823/details/normal?p_p_auth=mp5oS0aP.

[142] LEI n.º 133/1999. *Diário da República I Série* [Em linha]. N.º 201 (28-08-1990). p. 5943-5945. [Consult. 14 Jul. 2020]. Disponível em https://dre.pt/pesquisa/-/search/532453/details/maximized.

[143] Ideia do artigo 147.º D do Decreto-Lei n.º 314/1978. DECRETO-LEI n.º 314/1978. *Diário da República I Série ...*, p. 2256-2281.

[144] DECRETO-LEI n.º 486/1999. *Diário da República I Série* [Em linha]. N.º 265 (13-11-1999). p. 7968-8040. [Consult. 14 Jul. 2020]. Disponível em https://dre.pt/pesquisa/-/search/682983/details/maximized.

[145] Artigos 33.º e 34º do Decreto-Lei n.º 144/2019. DECRETO-LEI n.º 144/2019. *Diário da República I Série* [Em linha]. N.º 182 (23-09-2019). p. 2-264. [Consult. 27 Jan. 2020]. Disponível em https://data.dre.pt/eli/dec-lei/144/2019/09/23/p/dre.

[146] LEI n.º 35/2018. *Diário da República I Série* [Em linha]. N.º 139 (20-07-2018). p. 3272-3665. [Consult. 14 Jul. 2020]. Disponível em https://data.dre.pt/eli/lei/35/2018/07/20/p/dre/pt/html.

Em 2001, a Lei n.º 78/2001, de 13 de Julho, que trata dos Julgados de Paz, legitimou a mediação em Portugal, estipulando-a na fase processual, que está em vigência há quase duas décadas e, teve a sua primeira alteração pela Lei n.º 54/2013, de 31 de Julho, sendo uma delas a adequação à Lei n.º 29/2013, de 19 de Abril. Nesse sentido, até o advento desta lei que revogou o artigo que conceituava a mediação como modalidade de RAL "privada, informal, confidencial, voluntária, não contenciosa"[147], tendo a participação direta das partes com o apoio dos mediadores para chegarem a um consenso amigável sobre o conflito. Embora atualmente não tenham tanta relevância na resolução dos conflitos consumeristas, os Julgados de Paz foram fundamentais para impulsionar a mediação, razão pela qual serão elucidados a seguir.

Os Julgados de Paz são regidos pelos princípios da simplicidade, adequação, informalidade, oralidade e absoluta economia processual[148], além de estarem expressos na Constituição da República Portuguesa[149]. São considerados como uma justiça de aproximação ao cidadão, neste quesito similares aos Juizados Especiais no Brasil, sendo uma justiça simples[150], um meio alternativo que não compõe a estrutura dos tribunais e nem dos Tribunais Municipais do Estatuto Judiciário de 1962[151].

Assim, os Julgados de Paz são considerados como "tribunais dotados de características de funcionamento e organização próprias"[152] e além disso julgam causas que não excedam €15 mil euros de natureza cível e não englobam as questões nas áreas de família, sucessão e trabalhista.

---

147 Artigo 35.º, item 1 da Lei n.º 78/2001, de 13 de Julho. LEI n.º 78/2001. *Diário da República I Série* [Em linha]. N.º 161 (13-07-2001). p. 4267-4274. [Consult. 24 Jul. 2020]. Disponível em https://dre.pt/pesquisa/-/search/388220/details/maximized.

148 *Idem – Ibidem.*

149 Artigo 209.º [...] 2. Podem existir tribunais marítimos, tribunais arbitrais e julgados de paz. 3. A lei determina os casos e as formas em que os tribunais previstos nos números anteriores se podem constituir, separada ou conjuntamente, em tribunais de conflitos. *CONSTITUIÇÃO da República Portuguesa...*, p. 72.

150 Ideia do Relatório Anual de 2002 do Conselho dos Julgados de Paz. RELATÓRIO Anual de 2002. *Conselho dos Julgados de Paz* [Em linha]. [Consult. 24 Jul. 2020]. p. 05. Disponível em http://www.conselhodosjulgadosdepaz.mj.pt/ficheiros/Relatorios/Relatorio2002.pdf.

151 Ideia do Relatório Anual de 2002 do Conselho dos Julgados de Paz. *Idem – Op. Cit.* p. 03.

152 DIREÇÃO-GERAL da Política de Justiça. *Resolução de Litígios de Julgado de Paz* [Em linha]. [Consult. 24 Jul. 2020]. Disponível em https://www.dgpj.mj.pt/sections/home.

Considera como partes as pessoas singulares, as coletivas representadas pelos seus mandatários e com poderes específicos para tal fim, e outras entidades com personalidade jurídica. Além disso, a presença de advogado, advogado-estagiário ou solicitador é facultativa[153], sendo obrigatória a do advogado na fase recursal e quando a parte for "cega, surda, muda, analfabeta, desconhecedora da língua portuguesa ou por qualquer outro motivo, que a coloque em uma posição de inferioridade".[154]

A forma de atuação dos Julgados de Paz é pelo consenso entre as partes através da conciliação, mediação ou decisão proferida pelo Juiz de Paz, tendo a aplicação dos princípios gerais e do serviço de mediação com as sessões de pré-mediação e de mediação, caso haja a concordância dos interessados[155].

Sendo que na sessão de pré-mediação, a finalidade é explicar a mediação para as partes e, caso tenham a concordância, haverá a sessão de mediação. Na discordância, o Juiz de Paz será comunicado e haverá a designação da audiência de julgamento.[156] Tendo acordo na sessão de mediação, este será reduzido a termo e homologado pelo Juiz de Paz com *status* de sentença. Sem consenso entre os interessados ou que seja parcial, o Juiz de Paz será informado para que a audiência de julgamento seja marcada.[157]

Nos Julgados de Paz há ainda a presença dos mediadores, que são "profissionais independentes"[158] e habilitados para realizarem a pré-mediação, bem como a sessão de mediação, sendo um terceiro imparcial e neutro entre os interessados, que atenderam os requisitos[159] elencados na lei.[160]

---

[153] Ideia do artigo 38.º da Lei n.º 78/2001, de 13 de Julho. LEI n.º 78/2001. *Diário da República I Série...*, p. 4267-4274.

[154] Ideia do artigo 38.º da Lei n.º 78/2001, de 13 de Julho. LEI n.º 78/2001. *Idem – Ibidem.*

[155] Ideia dos artigos 16.º, 49.º, 50.º e 51.º da Lei n.º 78/2001, de 13 de Julho. *Idem – Ibidem.*

[156] Ideia dos artigos 49.º e 50.º da Lei n.º 78/2001, de 13 de Julho. *Idem – Ibidem.*

[157] Ideia do artigo 56.º da Lei n.º 78/2001, de 13 de Julho. *Idem – Ibidem.*

[158] Ideia do artigo 30.º da Lei n.º 78/2001, de 13 de Julho. *Idem – Ibidem.*

[159] Artigo 31.º da Lei n.º 78/2001, de 13 de Julho. Requisitos – "O mediador tem de reunir os seguintes requisitos: *a*) Ter mais de 25 anos de idade; *b*) Estar no pleno gozo dos seus direitos civis e políticos; *c*) Possuir licenciatura; *d*) Ter frequentado e obtido aproveitamento em curso ministrado por entidade formadora certificada pelo Ministério da Justiça, nos termos da Lei da Mediação, aprovada pela Lei n.º 29/2013, de 19 de abril; *e*) Não ter sofrido condenação nem estar pronunciado por crime doloso; *f*) Ter o domínio da língua portuguesa". *Idem – Ibidem.*

[160] Ideia dos artigos 31.º e 351.º da Lei n.º 78/2001, de 13 de Julho. *Idem – Ibidem.*

A remuneração[161] será conforme a quantidade de processos mediados, independente das sessões realizadas, porém a estipulação do valor compete ao membro do Governo na área da justiça, não tendo ajuda de custo e nem de deslocamento.[162]

Além disso, pode-se recorrer da sentença proferida pelo Juiz de Paz na audiência de julgamento para o Tribunal pertencente à mesma comarca do Julgado de Paz, cujo valor mínimo seja "metade do valor da alçada do tribunal de 1.ª instância"[163], que corresponde a € 2.500 (dois mil e quinhentos) euros.

Atualmente há cerca de 25 Julgados de Paz, conforme o Relatório Anual de 2018 do Conselho de Julgados de Paz, abrangendo 61 Conselhos, sendo interessante notar que em Lisboa 17% dos processos distribuídos são finalizados com a mediação. Já nas Terras de Bouro correspondem a 37%, o maior percentual apresentado na última estatística, que refere-se ao mês de outubro de 2019[164]. Além disso, com as alterações da Lei n.º 54/2013, de 31 de Julho, passou-se a admitir os procedimentos cautelares "para garantir a efetividade do direito ameaçado"[165].

Após a Lei dos Julgados de Paz, surgiu a Lei n.º 21/2007, de 12 de Junho, que introduziu a mediação no direito penal como uma alternativa ao sistema tradicional penal para os crimes de pequena e média criminalidade.[166] A origem da mediação penal foi a partir do artigo 10.º da Decisão-Quadro

---

161 A remuneração do mediador, independe do tempo das sessões de mediação, do número de sessões realizadas ou do desempenho em co-mediação, sendo: 110 euros quando o processo for concluído por acordo das partes alcançado através da mediação; 90 euros, quando as partes não chegarem a acordo na mediação, e 25 euros por cada sessão de pré-mediação efetuada. *DIREÇÃO-GERAL da Política de Justiça DGPJ* [Em linha]. [Consult. 24 Jul. 2020]. Disponível em https://www.dgpj.mj.pt/sections/home.

162 Ideia do artigo 36.º da Lei n.º 78/2001, de 13 de Julho. LEI n.º 78/2001. *Diário da República I Série...*, p. 4267-4274.

163 *DIREÇÃO-GERAL da Política de Justiça DGPJ* [Em linha]. [Consult. 24 Jul. 2020]. Disponível em https://www.dgpj.mj.pt/sections/home.

164 *CONSELHO* dos Julgados de Paz [Em linha]. [Consult. 28 Jan. 2020]. Disponível em http://www.conselhodosjulgadosdepaz.com.pt/ficheiros/Estatisticas/2019/CJP_2019-10.pdf.

165 *Idem – Ibidem.*

166 Ideia do artigo 2.º da Lei n.º 21/2007: refere-se aos crimes com procedimento de queixa ou de acusação particular, e exclui os crimes de natureza pública. LEI N.º 21/2007. *Diário da República I Série* [Em linha]. N.º 112 (12-06-2007). p. 3798-3801. [Consult. 25 Jul. 2020]. Disponível em https://dre.pt/pesquisa/-/search/639130/details/maximized.

n.º 2001/220/JAI, de 15 de março, do Conselho da União Europeia, que trata sobre o estatuto da vítima no processo penal.[167]

Sendo importante destacar que o Observatório Permanente da Justiça Portuguesa do Centro de Estudos Sociais da Faculdade de Economia da Universidade de Coimbra em 2001 e, a Comissão de Estudo e Debate da Reforma do Sistema Prisional em 2004 recomendaram o uso da mediação.[168]

Assim, houve o primeiro projeto-piloto de mediação penal de adultos em 2004, que fora denominado "Projecto Porto"[169], resultado da parceria entre a "Escola de Criminologia da Faculdade de Direito da Universidade do Porto com a Procuradoria-Geral Distrital do Porto e, o Departamento de Investigação e Acção Penal (DIAP) do Porto".[170]

A introdução da mediação no direito penal foi em decorrência dos resultados positivos que já estavam ocorrendo com o uso da mediação nas searas dos conflitos em outros ramos do direito, como a familiar, e isso visa fornecer uma alternativa ao sistema punitivo através de uma execução penal menos repressiva com a resolução do conflito entre a vítima e seu agressor por meio da mediação, o que contribui na ressocialização do ofensor, bem como na pacificação social e na desjudiciarização[171] da ação penal quando a vítima e o agressor consentem na fase de inquérito ou no curso da ação penal na opção da mediação como solução do litígio.

Assim, a utilização da mediação nas entidades privadas como RAL iniciou-se em Portugal em 1999 pelo Decreto-Lei n.º 146/1999, de 4 de Maio, sendo que na UE ocorreu quase dez anos depois pela Diretiva n.º 2008/52/CE, do Parlamento Europeu e do Conselho, de 21 de Maio de 2008, tendo ainda a previsão dos conflitos transfronteiriços e do Código de Conduta Europeu para Mediadores no Livro Verde. Nessa cronologia, a Lei n.º 29/2009, de 29 de Junho transpôs esta Diretiva ao inserir a mediação

[167] *Idem – Ibidem.*

[168] SANTOS, Artur Jorge Costa dos – *A Mediação Penal e o Princípio da Oportunidade* [Em linha]. Lisboa: Universidade Autónoma de Lisboa, 2012. 137 f. Dissertação de Mestrado em Ciências Jurídico-Criminais. p. 72. [Consult. 25 Jul. 2020]. Disponível em http://repositorio.ual.pt/bitstream/11144/159/1/Disserta%c3%a7%c3%a3o%2c%20Artur%20Santos.pdf.

[169] *Idem – Ibidem.*

[170] *Idem – Op. Cit.* p. 72 e 73.

[171] COSTA, José de Faria – Diversão (Desjudiciarização) e Mediação: que rumos? In *Separata do Vol. LXI do Boletim da Faculdade de Direito da Universidade de Coimbra*. Coimbra: Universidade de Coimbra, 1986. ISBN 972-97584-8-4. p. 12-13.

no processo de inventário, sendo que a mediação na seara cível e comercial só foi prevista em um instrumento legislativo próprio em 2013, pela Lei n.º 29/2013, de 19 de Abril. Em seguida, a Diretiva n.º 2013/11/UE, de 21 de Maio de 2013 foi a que destacou a RALC, principalmente para dar credibilidade à mediação e sua transposição ocorreu pela Lei n.º 144/2015, de 8 de Setembro.

Diante do realce às principais legislações comunitárias e portuguesas, percebe-se que a mediação foi sendo prevista e inserida no contexto da UE e de Portugal para dar clareza, facilidade e importância a esse método autocompositivo. Além disso, houve certa atenção e interesse dos legisladores na estruturação e implementação extrajudicial deste método alternativo de resolução de conflitos na seara do direito de consumo. Nesse viés, será que Portugal consagrou o uso da mediação como alternativa ao Judiciário? Será que o Brasil seguiu os mesmos passos legislativos e avanços? As respostas serão devidamente explicadas *a posteriori*.

1.1.2. No Brasil

A Carta Constitucional do Império de 1824, resultante das Ordenações Filipinas, já previa a mediação como prática antecedente ao processo judicial, a ser executada pelo Juiz de Paz[172], e por influência da América Latina, retorna nos anos 90.[173] Na Constituição da República Federativa do Brasil de 1988, o juiz de paz recuperou a função jurisdicional, porém sem efetividade na prática e assim passou a ter utilidade apenas para a celebração de casamentos[174].

Analisando o contexto da Constituição Federal de 1988 considerada como o marco no final do século XX por ter instalado o Estado Social no contraste ao atuante liberalismo econômico dos séculos XVIII, XIX e XX, que consolidou

[172] Artigo 162 da Constituição de 1824: "Haverá juízes de paz, os quais serão eleitos pelo mesmo tempo e maneira por que se elegem os vereadores das Câmaras. Suas atribuições e distritos serão reguladas por lei". WATANABE, Kazuo – *Modalidade de Mediação.* Brasília: Centro de Estudos Judiciários, 2003. ISBN 858557271X. p. 44.

[173] Ideia de Andrea Maia, Angela Andrade Bianchi e José Maria Rossani Garcez. ALMEIDA, Tania [org.] – *Mediação de Conflitos...*, p. 49.

[174] WATANABE, Kazuo – *Modalidade de Mediação...*, p. 44.

o Estado Democrático de Direito,[175] norteou o exercício da cidadania com a busca pela efetivação da justiça através do Judiciário, com a esperança que solucionaria as desordens do dia a dia, o que ocasionou uma intensificação das demandas amparadas pelo Estado.[176] Nesse viés, a justiça social passou a orientar a ordem econômica, inclusos os direitos dos consumidores.

Além disso, a nova ordem constitucional preconiza o amplo acesso à prestação jurisdicional, bem como sua celeridade, inserida através da emenda constitucional n.º 45 em 2004[177]. A mediação passou a ser o método não adversarial, que efetiva a concretização do Princípio de Acesso à Justiça, disposto no artigo 5º, inciso XXXV da Constituição Federal, cuja "lei não excluirá da apreciação do Poder Judiciário lesão ou ameaça a direito"[178]. A mediação passou a ser a "condutora da produção do Direito transmoderno"[179].

Dessarte, em decorrência do excesso de demandas judiciais, o CPC criou o Sistema Multiportas, oriundo da Universidade de Harvard pelo professor Frank Ernest Arnold Sander, em Massachusetts, visão norte-americana sobre resolução de disputas fora dos tribunais. Assim, a Resolução n.º 125/2010 do Conselho Nacional de Justiça (CNJ), de 29 de Novembro, consagrou a Política Judiciária Nacional de Tratamento Adequado dos Conflitos de Interesses no âmbito do Poder Judiciário, juntamente com a promulgação do CPC e com a Lei n.º 13.140/2015, de 26 de Julho, que trata da mediação entre particulares como meio de solução de controvérsias e a autocomposição com a administração pública, possibilitaram a construção desse sistema com uma mudança no paradigma da cultura de justiça no país.[180]

O CNJ é um órgão de fundamental importância para a administração da justiça, tendo como função a elaboração de relatórios anuais referentes à atividade jurisdicional, bem como elaborar recomendações, visando à

---

[175] Ideia de Gustavo Henrique Baptista Andrade. ANDRADE, Gustavo Henrique Baptista – A Mediação e os meios alternativos de resolução de conflitos. *Revista Fórum de Direito Civil...*, p. 93-108.

[176] Ideia de Gustavo Henrique Baptista Andrade. *Idem – Ibidem.*

[177] ANGHER, Anne Joyce [Org.] – *Vade Mecum*. Vol. 1..., p. 26.

[178] *Idem – Op. Cit.* p. 23.

[179] WARAT, Luis Alberto – *O ofício do mediador*. Vol. 1. Florianópolis: Habitus, 2001. ISBN 8588283069. p. 192.

[180] CABRAL, Antonio do Passo; CUNHA, Leonardo Carneiro da – Negociação direta ou resolução colaborativa de disputas (*collaborative law*): "mediação sem mediador". *Revista de Processo*. São Paulo: Revista dos Tribunais. ISSN 1980-7791. Vol. 259 (Set. 2016), p. 471-489.

efetividade da prestação jurisdicional. Criado pela Lei n.º 11.364, de 26 de Outubro de 2006, após a sua inserção na Constituição Federal, pela emenda constitucional n.º 61, de 11 de novembro de 2006, em decorrência da emenda constitucional n.º 45 de 2004, intitulada Reforma do Judiciário, com atribuições de controle da atividade administrativa, financeira e disciplinar da magistratura.[181]

As diretrizes estabelecidas na Resolução n.º 125/2010 do CNJ, de 29 de Novembro, influenciou o CPC, que inovou com a inclusão da mediação e da conciliação no Judiciário como vias alternativas ao processo judicial, tendo ainda estipulado o Princípio do Estímulo à Solução por Autocomposição[182], com seções específicas para os conciliadores e mediadores judiciais, bem como as audiências de conciliação e mediação.

Na implementação dessas diretrizes haverá a centralização das estruturas judiciárias, a adequada formação e treinamento de servidores, conciliadores e mediadores, com acompanhamento estatístico[183]. Porém, Ricardo Goretti ressalta que as "medidas extrajudiciais de fomento à prevenção e resolução de conflitos, lamentavelmente, não foram contempladas pela Política, fato que reduz as possibilidades de consagração do seu objetivo essencial"[184].

O Supremo Tribunal Federal, por ser a suprema Corte do Brasil, órgão máximo do Poder Judiciário, não está sujeito ao controle exercido pelo CNJ, nos moldes da decisão a respeito do assunto.[185] Nesse sentido, o CNJ criou o Programa Justiça em Números desde 2004, que divulga a realidade dos tribunais, por meio de relatórios que contém a estrutura e os litígios, bem como os indicadores e as análises da gestão judiciária.[186]

---

181 Informações do artigo 92 da Constituição Federal. ANGHER, Anne Joyce [Org.] – *Vade Mecum*. Vol. 1..., p. 53.

182 *Idem – Op. Cit.* p. 288.

183 Artigo 2º da Resolução n.º 125/2010, de 29 de Novembro. RESOLUÇÃO n.º 125/2010. *Conselho Nacional de Justiça* [Em linha]. p. 1-10. [Consult. 21 Fev. 2021]. Disponível em https://www.cnj.jus.br/wp-content/uploads/2014/04/resolucao_125_29112010_23042014190818.pdf. p. 2.

184 GORETTI, Ricardo – *Mediação e Acesso à Justiça...*, p. 194.

185 PELUSO, Cezar relat. – Acórdão do *Supremo Tribunal Federal* com o número 3.367-1, de 13 de Abril de 2005 [Em linha]. [Consult. 09 Set. 2020]. Disponível em http://redir.stf.jus.br/paginadorpub/paginador.jsp?docTP=AC&docID=363371.

186 CONSELHO Nacional de Justiça – *Painéis CNJ* [Em linha]. [Consult. 9 Set. 2020]. Disponível em https://paineis.cnj.jus.br/QvAJAXZfc/opendoc.htm?document=qvw_l\painelcnj.qvw&host=QVS%40neodimio03&anonymous=true.

Em 2011, foi apresentado no Senado Federal o Projeto de Lei n.º 517, em 25 de Agosto de 2011, "[...] que institui e disciplina o uso da mediação como instrumento para prevenção e solução consensual de conflitos"[187]. Após a aprovação na Comissão de Constituição, Justiça e Cidadania foi encaminhado para a Câmara dos Deputados como Projeto de Lei n.º 7.169/2014, que após a devida anuência no processo legislativo brasileiro, transformou-se na Lei n.º 13.140/2015, de 26 de Junho.[188]

Em 2018, houve 28.294.977 casos novos no Judiciário brasileiro, excluído os processos do Supremo Tribunal Federal (STF), englobando os Tribunais Superiores, 1ª e 2ª instâncias, juizados especiais, turmas recursais e turmas regionais de uniformização, sendo que 78.612.151 estão pendentes, 29.484.094 sentenciados e 31.693.127 baixados.[189] Já em 2019, foram 30.214.346 casos novos, tendo 77.096.939 pendentes, que totalizaram 31.713.638 sentenciados e 35.384.976 baixados.[190] Esses dados demonstram o aumento do número de processos judiciais, que tramitam por ano na justiça brasileira, fruto de uma cultura adversarial em oposição à pacificação social, e por isso a mediação a partir de 2018 passou a ser estudada nos cursos de direito como matéria obrigatória[191].

Já em Portugal a estatística dos Tribunais judiciais de 1ª instância em relação à duração média da data da entrada do processo judicial até a decisão final registrou em 2018 o período de 15 meses e em 2019 foram 12 meses

---

[187] SENADO Federal. *Projeto de Lei do Senado n.º 517/2011.* [Consult. 19 Fev. 2021]. Disponível em https://legis.senado.leg.br/sdleg-getter/documento?dm=3415140&ts=1594025424538&disposition=inline.

[188] *Idem – Ibidem.*

[189] CONSELHO Nacional de Justiça – *Justiça em Números 2018* [Em linha]. [Consult. 21 Fev. 2021]. Disponível em https://paineis.cnj.jus.br/QvAJAXZfc/opendoc.htm?document=qvw_l%2FPainelCNJ.qvw&host=QVS%40neodimio03&anonymous=true&sheet=shResumoDespFT.

[190] CONSELHO Nacional de Justiça – *Justiça em Números 2019* [Em linha]. [Consult. 21 Fev. 2021]. Disponível em https://paineis.cnj.jus.br/QvAJAXZfc/opendoc.htm?document=qvw_l%2FPainelCNJ.qvw&host=QVS%40neodimio03&anonymous=true&sheet=shResumoDespFT.

[191] Resolução CNE/CES n.º 5/2018, oriunda do Parecer n.º 635/2018, homologado pela Portaria n.º 1.351/2018 do Ministério da Educação. *PORTAL do Ministério da Educação* [Em linha]. [Consult. 15 Fev. 2021]. Disponível em http://portal.mec.gov.br/docman/dezembro-2018-pdf/104111-rces005-18/file.

para as ações cíveis.[192] No tocante às ações executivas cíveis apontou 51 meses em 2018 e 53 meses em 2019.[193] A análise dos processos cíveis novos no panorama da justiça foram 279.912, tendo 278.482[194] finalizados em 2019. Isso evidencia como a cultura da litigiosidade instalada no Brasil impacta e acarreta prejuízos à nefasta administração da justiça, sendo que o próprio CNJ já demonstrou que o Poder Público e suas entidades que compõem a Administração Pública encontram-se no rol de maiores litigantes do país, que são o Instituto Nacional do Seguro Social com 22,33%; a Caixa Econômica Federal com 8,50%; a Fazenda Nacional com 7,45%; a União Federal com 6,97%; o Banco do Brasil S/A. com 4,24% e o Estado do Rio Grande do Sul com 4,24%.[195] Por isso que os meios alternativos para solucionarem os conflitos são uma necessidade diante do caos demonstrado no Judiciário brasileiro.

Assim, a mediação no Brasil já estava prevista na Carta Constitucional do Império em 1824, sendo que a Constituição da República Federativa do Brasil de 1988 estabeleceu como princípio fundamental o acesso à justiça, que foi reiterado como inovação e norma principiológica no CPC juntamente com a previsão de seções específicas para a mediação. A Resolução n.º 125/2010 do CNJ, de 29 de Novembro, corroborou com o avanço e uso deste método no Judiciário e extrajudicialmente sob o escopo do Princípio do Estímulo à Solução por Autocomposição, embora a Lei de Mediação só tenha sido promulgada em 2015 (Lei n.º 13.140/2015, de 26 de Junho). Nesse viés, pode-se perguntar: será que o consumidor brasileiro aderiu a este método autocompositivo como solução extrajudicial nos conflitos consumeristas? Esta resposta será esclarecida adiante.

---

192 ESTATÍSTICAS da Justiça – Duração Média dos Processos (tribunais judiciais 1ª instância). *Direção-Geral da Política de Justiça* [Em linha]. [Consult. 6 Abr. 2021]. Disponível em https://estatisticas.justica.gov.pt/sites/siej/pt-pt/Paginas/Duracao-media-de-processos.aspx.

193 *Idem – Ibidem.*

194 ESTATÍSTICAS da Justiça – Panorama Justiça Cível 1ª instância. *Direção-Geral da Política de Justiça* [Em linha]. [Consult. 6 Abr. 2021]. Disponível em https://estatisticas.justica.gov.pt/sites/siej/pt-pt/Paginas/Panorama_Justica_Civel.aspx.

195 CONSELHO Nacional de Justiça – *Os 100 maiores litigantes* [Em linha]. [Consult. 6 Abr. 2021]. Disponível em https://www.cnj.jus.br/orgaos-federais-e-estaduais-lideram-100-maiores-litigantes-da-justica/.

1.2. CONCEITO E CARACTERÍSTICAS DA MEDIAÇÃO

Em 2008, a Diretiva n.º 2008/52/CE do Parlamento Europeu e do Conselho, de 21 de Maio de 2008 conceituou a mediação como:

> "um processo estruturado, independentemente da sua designação ou do modo como lhe é feita referência, através do qual duas ou mais partes em litígio procuram voluntariamente alcançar um acordo sobre a resolução do seu litígio com a assistência de um mediador. Este processo pode ser iniciado pelas partes, sugerido ou ordenado por um tribunal, ou imposto pelo direito de um Estado-Membro"[196].

Nesse viés, a Lei Geral da Mediação de Portugal, promulgada em 2013, define mediação como "a forma de resolução alternativa de litígios, realizada por entidades públicas ou privadas, através do qual duas ou mais partes em litígio procuram voluntariamente alcançar um acordo com assistência de um mediador de conflito"[197]. Sendo uma definição sucinta, que compreende a mediação pública e privada.

Depreende ainda deste conceito várias características da mediação como a fundamental importância do mediador neste procedimento com a finalidade de aproximar as partes para que possam iniciar um diálogo, que poderá culminar em um consenso sobre o caso em si; a importância do Princípio da Voluntariedade, pois a mediação não é um processo obrigatório para o consumidor em Portugal e nem no Brasil; que poderá ser realizada pelo sistema público de mediação ou pelas entidades privadas, que serão mais detalhadas adiante.

Na visão de Carlos Esplugues e Silvia Barona Vilar, a mediação passou a ser considerada "como a estrela mais brilhante no firmamento dos meios alternativos de resolução de litígios"[198]. Entretanto, Jacqueline Nolan-Haley

---

[196] Artigo 3.º, alínea "a" da Directiva 2008/52/CE do Parlamento Europeu e do Conselho, de 21 de Maio de 2008. DIRETIVA 2008/52/CE do Parlamento Europeu e do Conselho. *Jornal Oficial da União Europeia...*, p. 6.

[197] Artigo 2.º, alínea "a" da Lei n.º 29/2013, de 19 Abril. LEI n.º 29/2013. *Diário da República I Série...*, p. 2278-2284.

[198] BARONA, Silvia; ESPLUGUES, Carlos – *ADR mechanisms and their incorporation into global justice in the twenty-first century: some concepts and trends.* Cambridge: Intersentia, 2014. ISBN 9781780681199. p. 41.

enfatiza um outro ângulo sobre esta questão, pois acredita que a "[...] quebra da confidencialidade, acordos não cumpridos, participantes de má-fé, ausência de indicação de conflitos de interesses pelo mediador ou prestação, pelo mesmo, de informações incorretas [...] interpenetrações da mediação com outros institutos"[199] enfraquecerão a mediação.

Apenas para comparação, no processo judicial as partes apresentam-se como opoentes, sendo que um terceiro imparcial decidirá o litígio por elas, ao passo que na mediação, a pacificação social é alcançada de forma mais genuína, uma vez que os próprios envolvidos terão a possibilidade da consecução de um acordo, inexistindo ganhador e vencedor, como ocorre no Judiciário. Por isso que Jacqueline Nolan-Haley acredita que o sucesso da mediação está com as partes, se agirem com boa-fé e sigilo.[200]

Considerando a importância dos Julgados de Paz na evolução histórica da mediação em Portugal, embora atualmente não há essa relevância, pertinente elucidar a definição que havia no artigo 35.º, item 1, revogado pela Lei n.º 54/2013, de 31 de 13 de Julho:

> "uma modalidade extrajudicial de resolução de litígios, de carácter privado, informal, confidencial, voluntário e natureza não contenciosa, em que as partes, com a sua participação activa e directa, são auxiliadas por um mediador a encontrar, por si próprias, uma solução negociada e amigável para o conflito que as opõe"[201].

O sistema de mediação penal português apresenta a seguinte definição de mediação, como:

> "um processo informal e flexível, conduzido por um terceiro imparcial, o mediador, que promove a aproximação entre o arguido e o ofendido e os apoia na tentativa de encontrar activamente um acordo que permita a reparação dos danos causados pelo facto ilícito e contribua para a restauração da paz social"[202].

---

199 NOLAN-HALEY, Jacqueline – *Mediation: the best and worst of times. Jornal Cardozo de Resolução de Conflitos*. Vol. 16. (2015), p. 734-735.

200 *Idem – Ibidem.*

201 Artigo 35.º da Lei n.º 78/2001, de 13 de Julho. Lei n.º 78/2011. *Diário da República I Série...*, p. 4267-4274.

202 Lei n.º 21/2007, de 12 de Junho. *Diário da República I Série...*, p. 3798-3801.

Neste conceito, é clara a importância da atuação do ofendido com o arguido para que o acordo possa ser realizado. Além disso, o mediador é fundamental, assim como o sigilo absoluto por todos os participantes sobre o que fora falado e mostrado nas sessões de mediação. Sendo por isso que Dário Moura Vicente explica que "a mediação é, assim, um meio de auto-regulação de litígios, ainda que com o auxílio de um terceiro"[203].

Já a Lei de Mediação do Brasil, conceitua mediação como "a atividade técnica exercida por terceiro imparcial sem poder decisório, que, escolhido ou aceito pelas partes, as auxilia e estimula a identificar ou desenvolver soluções consensuais para a controvérsia"[204]. Nesta definição está expresso que o mediador não possui poder decisório, pois compete aos envolvidos no conflito.

Segundo João Paulo Remédio Marques, mediação é "a solução do conflito que opõe as partes é assim uma solução amigável e concertada"[205]. Nesse viés, Cátia Marques Cebola define que "[...] intervenção de uma terceira pessoa cujo objetivo é facilitar o diálogo entre as partes em confronto por forma a que elas próprias possam construir a solução tida por ambas como a ideal para o seu problema"[206]. Lúcia Fátima Barreira Dias Vargas acrescenta que a mediação "[...] visa proporcionar um espaço de diálogo e de investigação dos problemas e das motivações dos participantes, para que os mediados alcancem uma clara compreensão do conflito e dos reais interesses a serem satisfeitos"[207]. Rossana Martingo Cruz destaca que "além das partes se sentirem no domínio ao longo de todo o procedimento, há ainda o carácter de confidencialidade, a celeridade e ainda a economia de custos"[208].

---

[203] VICENTE, Dário Moura – *A Diretiva sobre a Mediação em Matéria Civil e Comercial e a sua Transposição para a Ordem Jurídica Portuguesa*. Vol. III. Coimbra: Editora Almedina, 2010. ISBN 978-972-40-4148-3. p. 100.

[204] Artigo 1º, parágrafo único da Lei n.º 13.140/2015, de 26 de Junho. ANGHER, Anne Joyce [Org.] – *Vade Mecum*. Vol. 1..., p. 769.

[205] MARQUES, João Paulo Remédio Marques – *Acção Declarativa à Luz do Código Revisto*. 3.ª ed. Coimbra: editora Coimbra, 2011. ISBN 9789723219043. p. 45.

[206] CEBOLA, Cátia Marques – *Resolução Extrajudicial de Litígios – Um novo caminho, a costumada justiça*. Coimbra: editora Coimbra, 2008. ISBN 978-65-87719-05-4. p. 67.

[207] VARGAS, Lúcia Fátima Barreira Dias – *Julgados de Paz e Mediação: uma nova face da justiça*. Coimbra: Editora Almedina, 2006. ISBN 9789724028910. p. 55.

[208] CRUZ, Rossana Martingo – *Mediação Familiar: Limites Materiais dos Acordos e o seu Controlo pelas Autoridades*. Coimbra: editora Coimbra, 2011. ISBN 9789723218886. p. 32.

Já Águida Arruda Barbosa conceitua mediação como um "[...] método fundamentado, por meio do qual uma terceira pessoa, neutra e especialmente, treinada, ensina os mediandos a despertarem seus recursos pessoais para que consigam transformar o conflito".[209] Ademais, considera que a "[...] mediação atua no nascedouro do conflito e sua abrangência ultrapassa os limites de eventual acordo que possa a vir a ser celebrado entre os litigantes, porque seu tempo é o futuro".[210]

Lilia Sales define que no procedimento da mediação, o mediador "[...] encoraja e facilita a resolução de uma disputa, evitando antagonismos, porém sem prescrever a resolução"[211]. Nesse sentido, afirma ainda que o primeiro objetivo da mediação é a resolução do dissenso, sendo o acesso à justiça e a paz social decorrentes da inclusão social que há na mediação.[212]

À luz de tais ponderações, a mediação é um procedimento informal, voluntário, flexível, cujo poder decisório compete às partes, sendo imprescindível o sigilo e a boa-fé dos participantes nas sessões, além da importância e da responsabilidade do mediador para restabelecer a comunicação entre os mediandos.

1.3. PRINCIPAIS VANTAGENS E DESVANTAGENS

Primeiramente, haverá a identificação das vantagens, e posteriormente as desvantagens da mediação. Na visão de Mauro Cappelletti, a mediação é "[...] capaz de produzir resultados que, longe de serem de 'segunda classe', são melhores, até qualitativamente, do que os resultados do processo contencioso"[213]. Nesse sentido, Kazuo Watanabe afirma que a mediação é o

[209] BARBOSA, Águida Arruda – Estado da Arte da Mediação Familiar Interdisciplinar no Brasil. *Revista Brasileira de Direito de Família*. Porto Alegre: Lex Magister. ISSN 2358-3223. N.º 40 (Mar. 2007), p. 140-151.

[210] BARBOSA, Águida Arruda – *Construção dos Fundamentos Teóricos e Prático do Código de Família Brasileiro*. São Paulo: Universidade de São Paulo, 2007. 153 f. Tese de Doutoramento em Direito.

[211] SALES, Lilia Maia de Morais – *Justiça e Mediação de Conflitos*. Belo Horizonte: Del Rey, 2004. ISBN 9788573086737. p. 23.

[212] *Idem – Op. Cit.* p. 24.

[213] CAPPELLETTI, Mauro – Os Métodos Alternativos de solução de conflito no quadro do movimento universal de acesso à justiça. *Revista de Processo*. São Paulo: Editora Revista dos Tribunais. ISSN 0100-1981. Ano 19, n.º 74 (Abr. 1994), p. 90.

"[...] método para se dar tratamento mais adequado aos conflitos de interesses que ocorrem na sociedade. A redução dos processos será uma resultante necessária do êxito de sua adoção"[214].

Como aponta Ruben Bahamonde Delgado, "o principal inconveniente que pode ser atribuído à mediação está relacionado à possível burocracia, porque se for frustrada, sempre será necessário recorrer à Justiça"[215]. Lado outro, considera como vantagem a suspensão dos prazos de caducidade e de prescrição desde o início da mediação, bem como do acordo ser formulado pelas partes e assim "[...] evita a frustração de estar prestes a obter uma decisão de um terceiro que pode não ter percebido quais interesses conflitantes estão por trás da disputa"[216]. Destaca ainda a importância de divulgar "[...]a média duração dos procedimentos de mediação em tempo e número de reuniões, a relação entre o sacrifício e benefício das partes [...] o custo de mediação e monitoramento [...] mostrando a sua vantagem para a população"[217].

Conquanto, a resolução de litígios em instâncias extrajudiciais proporciona e assegura certa igualdade da parte vulnerável e com inexperiência jurídica, que é o consumidor, em relação à outra parte, pessoa singular ou coletiva. Sendo que em 1985, na 106ª Sessão Plenária da Organização das Nações Unidas (ONU), na Resolução n.º A/RES/39/248, de 16 de Abril de 1985, intitulada de Diretrizes para a Proteção do Consumidor das Nações Unidas, estabeleceu a importância da proteção ao consumidor, pela "[...] adoção de políticas públicas e leis adequadas à realidade do mercado"[218], tendo relevância como o documento internacional que estabeleceu o Princípio da Vulnerabilidade do Consumidor a nível mundial.

Outra vantagem conquistada pela mediação refere-se à executoriedade do acordo celebrado pelas próprias partes e isso acarreta certa predisposição das mesmas em querer cumprí-lo voluntariamente. Esse ponto é de extrema

---

214 WATANABE, Kazuo – A política judiciária nacional de tratamento adequado dos conflitos de interesses. In *Estudos avançados de mediação e arbitragem*. Rio de Janeiro: Campus Jurídico, 2014. ISBN 978-85-5505-390-0. p. 3

215 BAHAMONDE, Ruben – Os Princípios Estruturantes da Mediação em Portugal. *Galileu – Revista de Direito e Economia*. Lisboa: Universidade Autónoma de Lisboa. ISSN 2184-1845. Vol. XIX (Jul. 2018), p. 152

216 *Idem – Ibidem.*

217 *Idem – Op. Cit.* p. 153.

218 SANTANA, Héctor Valverde – Proteção Internacional do Consumidor: necessidade de harmonização da legislação. *Revista de Direito Internacional*. Brasília: Uniceub. ISSN 2237-1036. Vol. 11, n.º 1 (2014), p. 56.

importância para os conflitos transfronteiriços intracomunitários pacificados pela mediação, porque acarreta certa confiança e efetividade na administração da justiça, sendo que essa eficácia na aplicação das normas materiais referentes ao direito do consumidor não é verificada no Judiciário, em razão do valor reduzido das demandas nesta área[219].

Na visão de Dulce Lopes e Afonso Patrão, a finalidade é de "[...] adequação e complementariedade, porquanto é um modo de procura de uma solução que se quer justa para certos litígios, que não substitui [...] o recurso ao sistema judiciário"[220]. Cátia Marques Cebola destaca que "[...] nem sempre a mediação será a solução mais adequada para a resolução de litígio [...] recorrendo aos Tribunais pode obter uma indenização de quantia superior aos danos verificados [...] ou em situações em que há um claro desequilíbrio de forças entre as partes"[221].

Manuel Pereira Barrocas destaca como vantagens da mediação a "[...] obtenção de uma solução mais eficaz para o conflito, porque moldada pelas partes, e a melhor preservação de uma relação futura das partes"[222]. Nesse sentido, Luiz Gustavo Meira Moser e Gonçalo da Cunha Ferreira esclarecem sobre a "[...] possibilidade de o âmbito da mediação poder ser ampliado ou restringido consoante a vontade das partes; [...] proteger o direito em múltiplas jurisdições e [...] preservação do relacionamento contratual e manutenção dos vínculos"[223].

Nesse problema transversal sobre a aplicação eficaz dos direitos do consumidor, Marco B. M. Loos[224] e Naomi Creutzfeldt[225] destacam que a

---

219 CARVALHO, Jorge Morais; PINTO-FERREIRA, João Pedro; CARVALHO, Joana Campos - *Manual de Resolução...*, p. 16.

220 LOPES, Dulce; PATRÃO, Afonso - *Lei da Mediação Comentada...*, p. 10.

221 CEBOLA, Cátia Marques - *La Mediación*. Madrid: Marcial Pons, 2013. ISBN 9788415664413. p. 67.

222 BARROCAS, Manuel Pereira - *Manual de Arbitragem*. 2.ª ed. Coimbra: Editora Almedina, 2013. ISBN 978-9724039831. p. 68.

223 MOSER, Luiz Gustavo Meira; FERREIRA, Gonçalo da Cunha - Conflitos no âmbito da propriedade intelectual e a via da mediação. *Revista de Arbitragem e Mediação*. São Paulo: Revista dos Tribunais. ISSN 1679-6462. Vol. 40, ano 11 (Jan. 2014), p. 313-318.

224 LOOS, Marco B. M. - Aplicação dos direitos do consumidor através de ADR em detrimento do direito do consumidor. *Revista Europeia de Direito Privado*. Amsterdã: Faculdade de Direito Privado. ISSN 0928-9801. N.º 24 (2016), p. 61-79.

225 Os europeus recorrem ao Judiciário quando o valor for acima de € 500 euros. CREUTZELDT, Naomi - Implementação da Diretiva ADR do Consumidor. *Revista de Direito Europeu do Consumidor e Mercado - EuCML...*, p. 169-175.

RALC não será tão eficaz como o Judiciário da Alemanha, em razão dos tribunais deste Estado-Membro serem eficientes e tratarem prontamente os casos apresentados.

Em contrapartida, o Reino Unido que integrava a UE, apresenta um Judiciário demorado e com elevado custo para as partes. Por isso, dependendo do lapso temporal para sentenciar um processo pelo Judiciário de cada Estado-Membro da UE, a RALC será o meio mais eficaz, rápido e com custo baixo para os litígios que abrangerem as relações de consumo.[226]

Segundo Mariana França Gouveia, Nuno Garoupa e Pedro Magalhães, no ano de 2012, nos meses de Junho a Setembro houve uma pesquisa em Portugal para o Estudo Justiça Económica com a participação de 3.418 empresas entrevistadas, sendo que 83% afirmaram que preferem recorrer ao RALC ao invés do Judiciário.[227]

Já no Brasil, a incorporação dos mecanismos alternativos de solução de conflitos no Brasil possibilitou a inclusão desse assunto como política pública, o que resultou na criação do Centro Judiciário de Solução de Conflito e Cidadania (CEJUSC)[228], onde ocorrem as sessões e audiências de conciliação e de mediação, como também atendimentos e orientações aos cidadãos sobre seus direitos e deveres.[229] Nesse sentido, o CNJ criou um guia como orientação aos tribunais para implantação do CEJUSC[230]. Além disso, houve a incorporação da mediação nas Câmaras Privadas de Conciliação e Mediação cadastradas nos tribunais estaduais e federais, bem como disciplina curricular nas faculdades e universidades do curso de direito.

A Ordem dos Advogados do Brasil contribuiu com a propagação da mediação para a classe ao criar Comissões Temáticas sobre Mediação, além de

---

[226] *Idem – Ibidem.*

[227] GOUVEIA, Mariana França; GAROUPA, Nuno; MAGALHÃES, Pedro – *Justiça Económica em Portugal – Factos e Números.* Lisboa: Editora Almedina, 2013. ISBN 9789898424938. p. 215-2020.

[228] Ideia de Andrea Maia, Angela Andrade Bianchi e José Maria Rossani Garcez. ALMEIDA, Tania [org.] – *Mediação de Conflitos...*, p. 51.

[229] Artigo 8º da Resolução n.º 125/2010, de 29 de Novembro. RESOLUÇÃO n.º 125/2010. *Conselho Nacional de Justiça...*, p. 4-5.

[230] CONSELHO Nacional de Justiça. *Guia de Conciliação e Mediação Judicial: orientação para instalação de CEJUSC* [Em linha]. Brasília: Conselho Nacional de Justiça. [Consult. 21 Fev. 2021]. Disponível em https://www.cnj.jus.br/wp-content/uploads/2015/06/1818cc2847ca50273fd110eafdb8ed05.pdf.

seminários, congressos e preparação de mediadores nos moldes estabelecidos pelo CNJ. Sendo ainda uma defensora ativa na inclusão da conciliação, mediação e arbitragem como disciplinas obrigatórias nos cursos acadêmicos de direito.

Além disso, o advogado brasileiro é regido por uma Tabela de Honorários[231], que estabelece o mínimo que poderá ser cobrado nas ações judiciais e extrajudiciais, e por isso já se estabelece no contrato de prestação de serviço um valor determinado, mesmo que ocorra um acordo extrajudicialmente, sendo um incentivo para que o advogado utilize a mediação na profissão. Entretanto tal prática profissional não é prevista no ordenamento jurídico português, o que poderá ser um entrave na aplicação da mediação, optando assim pela via judicial em função dos honorários advocatícios. Diante disso, o advogado português possivelmente poderá ser um obstáculo à utilização da mediação na via extrajudicial em decorrência do não pagamento dos honorários advocatícios.

Henry Brown e Arthur Marriott enfatizam que "[...] os advogados não devem presumir que seu conhecimento e experiência do adversário tradicional, os procedimentos serão equipá-los para representar clientes no modo ADR"[232]. Assim complementam esse viés com a seguinte conclusão "[...] mas se eles desejam obter os maiores benefícios para seus clientes, seria útil para eles se familiarizarem com os detalhes processuais e a filosofia do processo em que vão trabalhar"[233].

Importante ressaltar que no Estado do Rio de Janeiro houve a criação da Escola Nacional de Mediação e Conciliação (ENAM) e da Câmara de Mediação de Conflitos, já no Estado do Rio Grande do Sul a Casa da Mediação, o Pacto Nacional da Advocacia pelos Métodos Extrajudiciais de Solução de Conflitos pela Ordem dos Advogados do Brasil.[234] Nesse sentido,

---

[231] "Artigo 100. Nos termos do art. 11, os valores e percentuais previstos nos artigos 98 e 99 se referem aos honorários mínimos. (...) b) Os honorários previstos neste Capítulo não impedem que o advogado pactue com seu cliente o pagamento de honorários advocatícios iniciais, independentemente do êxito da demanda". SCARPELLINI, Márcio [Coord.] – *Tabela de Honorários: Advogado valorizado em Minas e no Brasil*. Belo Horizonte: OAB Minas Gerais, 2015. p. 43.

[232] BROWN, Henry J.; MARRIOT, Arthur L. – ADR *Principles and Practice*. Londres: Sweet & Maxwell, 2012. ISBN 9780421579606. p. 130.

[233] *Idem – Ibidem.*

[234] Ideia de Andrea Maia, Angela Andrade Bianchi e José Maria Rossani Garcez. ALMEIDA, Tania [org.] – *Mediação de Conflitos...*, p. 51.

a mediação passou a ser uma opção, além do Judiciário brasileiro, para os consumidores que passaram a enxergá-la como solução dos próprios conflitos através de um diálogo na busca do consenso.

Ainda em relação ao Brasil, o CPC dispôs sobre a audiência preliminar de conciliação ou de mediação para que as partes tentem uma autocomposição e mesmo que não tenham tido acordo ou a realização desta audiência, o juiz aplicará no decorrer do processo judicial a autocomposição, porém é indispensável a presença do advogado ou de um defensor público.[235] Nesse sentido, tanto o Código de Processo Civil de Portugal[236] como o do Brasil[237] dispõem sobre a obrigatoriedade do patrocínio judiciário nas sessões judiciais de mediação, sendo dispensável nas sessões de mediação extrajudiciais[238] e, por isso a representativa das partes é uma faculdade que compete a elas decidirem a respeito desse direito. Segundo Jorge Morais Carvalho e João Pedro Pinto-Ferreira, "visa-se salvaguardar a acessibilidade económica destes procedimentos, já que desonera as partes da necessidade de constituir

[235] "Artigo 334. [...] §4º A audiência não será realizada: I – se ambas as partes manifestarem, expressamente, desinteresse na composição consensual; II – quando não se admitir a autocomposição. [...] §9º As partes devem estar acompanhadas por seus advogados ou defensores públicos. Artigo 359. Instalada a audiência, o juiz tentará conciliar as partes, independentemente do emprego anterior de outros métodos de solução consensual de conflitos, como a mediação e a arbitragem". ANGHER, Anne Joyce [Org.] – *Vade Mecum.* Vol. 1..., p. 316 e 319.

[236] Artigos 40.º a 42.º e 58.º da Lei n.º 41/2013, de 26 de Junho, que tratam sobre a presença obrigatória do advogado nos processos judiciais. LEI n.º 41/2013. *Diário da República I Série...*, p. 3518-3665.

[237] Artigos 250, inciso IV; 334, §§3º e 9º da Lei n.º 13.105/2015, de 16 de Março, que tratam sobre a presença obrigatória do advogado nas sessões de mediação. ANGHER, Anne Joyce [Org.] – *Vade Mecum.* Vol. 1. São Paulo: Rideel, 2019. ISBN 9788533954434. p. 309 e 316.

[238] "Artigo 18.º. 1. As partes podem comparecer pessoalmente ou fazer-se representar nas sessões de mediação, podendo ser acompanhadas por advogados, advogados estagiários ou solicitadores" da Lei n.º 29/2013, de 19 de Abril. LEI n.º 29/2013, de 19 de Abril. *Diário da República I Série...*, p. 1220-1235; "Artigo 10.º. 2. As entidades de RAL devem também assegurar que as partes não têm de recorrer a um advogado e podem fazer-se acompanhar ou representar por terceiros em qualquer fase do procedimento" da Lei n.º 144/2015, de 8 de Setembro. LEI n.º 144/2015, de 8 de Setembro. *Diário da República I Série...*, p. 7251-7258; Artigos 250, inciso IV; 334, §§3º e 9º da Lei n.º 13.105/2015, de 16 de Março, que tratam sobre a presença obrigatória do advogado nas sessões de mediação. ANGHER, Anne Joyce [Org.] – *Vade Mecum.* Vol. 1. São Paulo: Rideel, 2019. ISBN 9788533954434. p. 309 e 316.

advogado ou solicitador"[239]. Patrícia da Guia Pereira destaca que essa dispensa do patrocínio obrigatório corrobora "[...] com a lógica de proximidade e com o estímulo à participação direta das partes nos procedimentos de RALC"[240]. Entretanto, no Brasil, o mediador deverá suspender a sessão de mediação em respeito ao Princípio da Igualdade Processual, caso apenas uma das partes esteja acompanhada por advogado ou defensor público[241].

Mariana França Gouveia ressalta a importância da função do advogado na mediação para contribuir na autocomposição das partes, além do incentivo ao método RAL, sem estar em uma postura combativa, sendo que a aceitação da mediação pelo causídico contribui na inserção deste método na cultura social.[242]

Srdan Simac destaca as vantagens da mediação para o advogado, pois contribui com o reconhecimento profissional em razão da rapidez e da satisfação do cliente, afasta o risco da decisão judicial adversa, tendo ainda a possibilidade de escolher o mediador, utilizando novas técnicas no exercício da profissão.[243]

Ricardo Goretti enaltece os obstáculos que há na propagação da mediação, sendo o "[...] informativo-educacional"[244], que refere-se à falta de informação sobre o método RAL para a sociedade e advogados, considerando que é recente esta disciplina na grade curricular do curso de direito no Brasil. Há também a "[...] jurídico-cultural (motivado pelo império da cultura

---

[239] CARVALHO, Jorge Morais; PINTO-FERREIRA, João Pedro – Arbitragem e Regulação (a arbitrabilidade dos conflitos regulatórios). *Revista Internacional de Arbitragem e Conciliação.* Coimbra: Associação Portuguesa de Arbitragem. ISSN 1982-9957. Vol. VII, n.º 13 (Dez. 2014), p. 26.

[240] PEREIRA, Patrícia da Guia – A Adequação dos Meios de Resolução Alternativa, e Especial da Mediação, aos Conflitos de Consumo. In *Mediation and Consensus Building: The New Tools for Empowering Citizens in the European Union.* Coimbra: Mediarcom-Minerva, 2009. ISBN 978-972-798-289-9. p. 195-196.

[241] "Artigo 10. As partes poderão ser assistidas por advogados ou defensores públicos. Parágrafo único. Comparecendo uma das partes acompanhada de advogado ou defensor público, o mediador suspenderá o procedimento, até que todas estejam devidamente assistidas" da Lei n.º 13.140/2015, de 26 de Junho. ANGHER, Anne Joyce [Org.] – *Vade Mecum.* Vol. 2..., p. 770.

[242] GOUVEIA, Mariana França – *Curso de Resolução...*, p. 53-54.

[243] SIMAC, Srdan – Advocacia e Mediação. In *A Mediação em Acção.* Coimbra: Mediarcom, 2009. ISBN 978-972-798-263-9. p. 61-65.

[244] GORETTI, Ricardo – *Mediação e Acesso à Justiça...*, p. 26.

da judicialização sobre a pacificação consensual de conflitos)"[245]. Kazuo Watanabe enfatiza a importância de "[...] tentar desenvolver cada núcleo comunitário em torno das ideias da pacificação social, senão todos esses projetos de mediação e de conciliação acabarão virando formalismo"[246].

Semelhante ao CPC do Brasil, o Código de Processo Civil de Portugal estabelece que o juiz, em qualquer fase processual, poderá remeter a ação judicial para a mediação visando que as partes cheguem a um acordo, havendo suspensão da instância.[247] Além dessa semelhança entre os institutos, há ainda no CPC do Brasil[248] e na Lei de Mediação portuguesa[249], o que corrobora ainda mais com essa similitude, que as próprias partes poderão requerer ao juiz, que aja a suspensão do processo judicial com o intuito que ocorra a tentativa da autocomposição extrajudicial. Sendo que qualquer parte poderá recusar este método RAL em respeito ao Princípio da Voluntariedade.

Nesse contexto em relação à aplicação da mediação, Francesco Carnelutti destaca, que "[...] a experiência tem demonstrado, sem embargo, que não poucas vezes [a autocomposição] se degenera em insistências excessivas e inoportunas de juízes [ou conciliadores] preocupados bem mais em eliminar o processo que em conseguir a paz justa entre as partes"[250].

Por outro lado, semelhante ao que há na Alemanha que prevê uma mediação prévia obrigatória, como em alguns Estados-Membros da UE, antes da parte acessar o Judiciário, terá que comparecer em uma sessão de mediação, sendo um "[...] pressuposto processual, uma condição de admissibilidade da ação"[251].

Nesse viés, já houve algumas decisões judiciais no Brasil no âmbito dos Juizados Especiais[252] em relação às ações consumeristas, que o autor da

---

[245] *Idem – Ibidem.*

[246] WATANABE, Kazuo – *Modalidade de Mediação...*, p. 49.

[247] Artigo 273.º da Lei n.º 41/2013, 26 de Junho. LEI n.º 41/2013. *Diário da República I Série...*, p. 3518-3665.

[248] Artigos 359 e 694 da Lei n.º 13.105/2015, de 16 de Março. ANGHER, Anne Joyce [Org.] – *Vade Mecum.* Vol. 2..., p. 319 e 344.

[249] Artigo 16 da Lei n.º 13.140/2015, de 26 de Junho. *Idem – Op. Cit.* p. 770.

[250] CARNELUTTI, Francesco – *Instituições do Processo Civil.* Vol. 2. São Paulo: Classic Book, 2000. ISBN 8587484044. p. 75.

[251] GOUVEIA, Mariana França – *Curso de Resolução...*, p. 65-66.

[252] "[...] Examinando os autos, tem-se que a parte autora não postulou requerimento na via administrativa/extrajudicial para solução do conflito pela plataforma www.consumidor.gov.

ação recorresse à plataforma "*www.consumidor.gov.br*" de âmbito nacional e gratuito, implementada pelo Decreto n.º 8.573/2015, de 19 de Novembro, que já foi alterado pelo Decreto n.º 10.197/2020, de 2 de Janeiro, sendo uma forma rudimentar de inteligência artificial, que possibilita a negociação e o diálogo direto entre o consumidor e o fornecedor, antes de judicializar o conflito[253]. Essa questão desencadeia a discussão sobre a violação ao direito fundamental do acesso à justiça, uma vez que o juiz condiciona um método RAL antes do processo judicial. Esta plataforma será detalhada em outros tópicos.

À luz dessas ponderações, importante destacar que a adesão à RALC pelos portugueses é considerada baixa e, diante desse contexto, com o enfoque na celeridade do procedimento e no Princípio da Voluntariedade, que concedem a possibilidade das partes revogarem o consentimento em participarem da mediação[254], sendo que isso não é considerado uma violação ao dever de cooperação estabelecido no Código de Processo Civil Português[255], caso fosse obrigatória a realização da primeira sessão de mediação, possivelmente muitos conflitos consumeristas seriam solucionados por esse método de resolução de litígio. Além disso, em relação à viabilidade da instauração da mediação obrigatória em Portugal, pode-se tomar como exemplo o que foi exposto sobre as decisões dos Juízes nos Juizados Especiais Cíveis das Relações de Consumo no Brasil, diante da obrigatoriedade do autor da ação judicial comprovar nos autos que já houve a tentativa de negociação com o réu na plataforma "*www.consumidor.gov.br*".

---

br. Referida plataforma, utilizada para a interlocução direta entre consumidores e empresas, para a solução de conflitos de consumo, pela internet, tem índice de 80% de resolutividade dos registros, e possui prazo médio de resposta das empresas às demandas em cerca de 7 (sete) dias". CORDOVIL, Maria Dolores Giovani juíza – Sentença do Juizado Especial Cível, Criminal e da Fazenda Pública da Comarca de Belo Horizonte/MG com o número 9050444.08.2019.813.0024, de 5 de Setembro de 2019 [Em linha]. [Consult. 20 Out. 2020]. Disponível em http://www.tjmg.jus.br/data/files/DE/14/62/70/68F3D610796871D6A04E08A8/Sentenca%20Jesp.pdf.

253 DECRETO n.º 8.573/2015. *Planalto* [Em linha]. (19-11-2015). [Consult. 1 Fev. 2021]. Disponível em http://www.planalto.gov.br/ccivil_03/_ato2015-2018/2015/decreto/D8573.htm.

254 Artigo 4º, item 2 da Lei n.º 29/2013, de 19 de Abril. LEI n.º 29/2013. *Diário da República I Série...*, p. 2278-2284.

255 Artigo 4.º, item 3 da Lei n.º 29/2013, de 19 de Abril. *Idem – Ibidem.*

Isto posto, diante dos apontamentos apresentados pela doutrina portuguesa e brasileira sobre as vantagens e as desvantagens da mediação é possível reconhecer que há mais vantagens por proporcionarem resultados qualitativos, sendo a característica da voluntariedade dos envolvidos em aceitarem tal método autocompositivo, que estabelece a parcela da responsabilidade de cada um perante o acordo entabulado e isso resulta na maioria das vezes no seu cumprimento; além de ser um método alternativo que possibilita rapidez, eficiência e baixo custo em relação ao Judiciário.

2. OS CONFLITOS NAS RELAÇÕES DE CONSUMO EM PORTUGAL E NO BRASIL

O direito do consumidor é considerado como um direito fundamental em Portugal e no Brasil, sendo um direito de terceira geração da categoria dos transindividuais e, por isso, denominado de direito de solidariedade e da fraternidade. Diante disso, passou a ser um ramo de relevância, em razão do crescimento dos conflitos de consumo, e em ambos os países o consumidor é visto de modo presumido como a parte vulnerável na relação com os fornecedores de produtos e prestadores de serviço. Interessante ressaltar que em Portugal, por causa da criação do bloco econômico, essa proteção tornou-se indispensável.

Paulo Valério Dal Pai Moraes elenca as formas de vulnerabilidade do consumidor, que são a "[...] técnica[256], jurídica[257], fática[258] e informacional[259]"[260],

[256] "A vulnerabilidade técnica refere-se à ausência de conhecimentos específicos do consumidor em relação às características do produto ou serviço que está adquirindo, ficando sujeito a vontade dos fornecedores, tendo como única garantia a confiança na boa-fé da outra parte". MARQUES, Cláudia Lima – *Contratos no Código de Defesa do Consumidor.* 4.ª ed. São Paulo: Revista dos Tribunais, 2002. ISBN 9788520322505. p. 320.

[257] "A vulnerabilidade jurídica é a falta de conhecimentos jurídicos específicos, conhecimentos de contabilidade ou de economia". *Idem – Op. Cit.* p. 322-323.

[258] "A vulnerabilidade fática ocorre quando, em determinados mercados, somente existem um ou poucos fornecedores e o consumidor, na impossibilidade de ter seu direito de escolha respeitado, fica sujeito a estes, fornecedores. decorre da superioridade econômica do fornecedor ou daquela decorrente de monopólio ou da essencialidade do serviço". BESSA, Leonardo Roscoe – *Aplicação do Código de Defesa do Consumidor: análise crítica da relação de consumo.* Brasília: Brasília Jurídica, 2007. ISBN 9788520335086. p. 40.

[259] "A vulnerabilidade informacional é a vulnerabilidade básica do consumidor, intrínseca e característica deste papel na sociedade. Essa vulnerabilidade merece uma atenção especial, pois na sociedade atual são de grande importância a aparência, a confiança, a comunicação e a informação". BENJAMIN, Antônio Herman V.; MARQUES, Cláudia Lima; BESSA, Leonardo Roscoe – *Manual de Direito do Consumidor.* 2.ª ed. São Paulo: Revista dos Tribunais, 2009. ISBN 9788520342862. p. 117.

[260] MORAES, Paulo Valério Dal Pai – *Código de Defesa do Consumidor – O princípio da vulnerabilidade no contrato, na publicidade e nas demais práticas comerciais – interpretação sistemática do Direito.* 3.ª ed. Porto Alegre: Livraria do Advogado, 2009. ISBN 9788573485974. p. 152.

além de considerar também as vulnerabilidades política ou legislativa[261] e a biológica ou psíquica[262]. Nesse contexto, Alberto do Amaral Júnior explica a questão da vulnerabilidade do consumidor, que está presente na relação "[...] porque não dispõe dos conhecimentos técnicos necessários para a elaboração dos produtos ou para a prestação dos serviços no mercado. Por essa razão [...] não está em condição de avaliar corretamente, o grau de perfeição dos produtos e serviços"[263]. Assim, acrescenta Juliana Pereira da Silva que "[...] na prática, traduz-se na insuficiência, na fragilidade do consumidor se manter imune a práticas lesivas sem a intervenção auxiliadora de órgãos ou instrumentos para sua proteção"[264].

Nesse contexto da vulnerabilidade, Jorge Morais Carvalho, João Pedro Pinto-Ferreira e Joana Campos Carvalho ressaltam a questão das diferenças da efetividade das normas de direito do consumidor nos Estados-Membros da UE e que este assunto está diretamente relacionado com a garantia do acesso à justiça pelos consumidores. Destacam ainda a peculiaridade do objeto do litígio no conflito de consumo, que trata do cumprimento ou não de uma norma, como também da prática abusiva cometida pelo agente econômico, além de haver nenhum liame afetivo entre as partes.[265]

Esses doutrinadores expõem que "[...] o mercado, o poder político e os tribunais não funcionam de forma adequada nas relações de consumo"[266]. Nessa lógica, Fernando Manuel Martins Viana enaltece sobre o poder que

---

[261] "A vulnerabilidade política ou legislativa, identifica a ausência ou debilidade de poder do consumidor em relação ao *lobby* dos fornecedores nas casas parlamentares e demais autoridades públicas, pressionando para aprovação de leis favoráveis a seus interesses". MIRAGEM, Bruno – *Curso de Direito do Consumidor.* 6ª ed. São Paulo: Revista dos Tribunais, 2016. ISBN 9788520368541. p. 130.

[262] "A vulnerabilidade biológica ou psíquica identifica-se como sendo a que caracteriza o consumidor frente as modernas técnicas de marketing adotadas pelos fornecedores, e seus efeitos sobre a decisão de consumir, do consumidor". Idem – *Ibidem.*

[263] AMARAL JÚNIOR, Alberto do – A boa-fé e o controle das cláusulas contratuais abusivas nas relações de consumo. *Revista do Direito do Consumidor.* São Paulo: Revista dos Tribunais. ISSN 1415-7705. Vol. 6. (Abr. 1993), p. 28.

[264] SILVA, Juliana Pereira da [Coord.] – *Manual de Direito do Consumidor.* 4.ª ed. Brasília: Escola Nacional de Defesa do Consumidor, 2014. ISBN 9788585820688. p. 77.

[265] CARVALHO, Jorge Morais; PINTO-FERREIRA, João Pedro; CARVALHO, Joana Campos – *Manual de Resolução...*, p. 16-45.

[266] *Idem – Op. Cit.* p. 46.

os agentes econômicos possuem para influenciar e controlar o mercado.[267] Sendo, por isso, conforme Paulo Duarte, que o consumidor é a parte vulnerável na relação e isso tem que ser considerado, "[...] porque o mercado não se regula a si próprio"[268]. Mário Tenreiro elucida que "[...] sendo todos consumidores, com o nosso modo de consumo, com as nossas escolhas do dia a dia enquanto consumidores, nós estamos [...] a fazer política, a contribuir para perpetuar certas formas político económicas"[269].

A Constituição da República Portuguesa (Lei n.º 86/1976, de 10 de Abril) já estabelecia essa proteção em seu artigo 60.º desde 1982, como direito fundamental, através da 1ª revisão constitucional pela Lei Constitucional n.º 1/1982, de 30 de Setembro, sendo que este artigo já sofreu mais duas alterações[270]. Assim estabelece que "os consumidores têm direito à qualidade dos bens e serviços consumidos, à formação e à informação, à protecção da saúde, da segurança e dos seus interesses económicos, bem como à reparação de danos"[271]. Além de proibir a publicidade oculta, indireta ou dolosa, reconhecendo legitimidade processual às associações dos consumidores.[272] Todavia a proteção aos direitos dos consumidores é considerada pela Constituição da República Portuguesa como um dos objetivos da política comercial.[273]

---

[267] VIANA, Fernando Manuel Martins – *A Resolução Alternativa de Litígios e as Tecnologias de Informação e Comunicação.* Braga: Universidade do Minho, 2015. 148 f. Dissertação de Mestrado em Direito e em Informática. p. 35.

[268] DUARTE, Paulo – A Chamada Arbitragem Necessária de Litígios de Consumo no Domínio dos Serviços Públicos Essenciais: âmbito, natureza e aspectos processuais. *Centro de Direito de Consumo.* Coimbra: Faculdade de Direito. ISSN 1646-0375. N.º 21 (Set. 2016), p. 452-469.

[269] TENREIRO, Mário – O Consumidor como Artesão de um Novo Paradigma Político. In *Estudos de Direito do Consumo – Homenagem a Manuel Cabeçadas Ataíde Ferreira*. [s.l.]: DECO, 2016. ISBN 978-989-066-3. p. 406.

[270] LEI Constitucional n.º 1/1982. *Diário da República I Série* [Em linha]. N.º 227 (30-09-1982). p. 3135-3206. [Consult. 29 Jan. 2020]. Disponível em https://dre.pt/pesquisa/-/search/375254/details/maximized.

[271] Artigo 60.º da Constituição da República Portuguesa. LEI n.º 86/1976. *Diário da República I Série...*, p. 738-775.

[272] Artigo 60.º, itens 2 e 3 da Constituição da República Portuguesa. *CONSTITUIÇÃO da República Portuguesa...*, p. 53.

[273] Artigo 99.º, alínea "e" da Constituição da República Portuguesa. *Idem – Op. Cit.* p. 72.

A Lei n.º 29/1981, de 22 de Agosto, foi a 1ª legislação portuguesa que tratava sobre a defesa do consumidor, bem como seus direitos, conceitos e meios de defesa. Em 31 de Julho de 1996, ela foi revogada pela Lei n.º 24/1996[274], de 31 de Julho e, mesmo após 10 alterações, continua em vigor, sendo que a última foi pelo recente Decreto-Lei n.º 109 G/2021, de 10 de Dezembro. Nessas modificações realizadas, houve certa expansão do quadro dos consumidores, além da inclusão das cláusulas gerais, da venda à distância, da responsabilidade civil do produtor, dentre outros acréscimos.

Assim a definição de consumidor pela Lei de Defesa do Consumidor de Portugal (Lei n.º 24/1996, de 31 de Julho) é "todo aquele a quem sejam fornecidos bens, prestados serviços ou transmitidos quaisquer direitos, destinados a uso não profissional, por pessoa que exerça com carácter profissional uma actividade económica que vise a obtenção de benefícios"[275].

A Diretiva n.º 2013/11/UE do Parlamento Europeu e do Conselho, de 21 de Maio de 2013, define consumidor como "uma pessoa singular quando atue com fins que não se incluam no âmbito da sua atividade comercial, industrial, artesanal ou profissional"[276], sendo fornecedor a "pessoa singular ou coletiva, pública ou privada, quando atue, nomeadamente por intermédio de outra pessoa que atue em seu nome ou por sua conta, com fins que se incluam no âmbito da sua atividade comercial, industrial, artesanal ou profissional"[277]. Já na Lei n.º 144/2015, de 8 de Setembro, que transpôs esta Diretiva, apresenta uma definição semelhante, sendo consumidor a "[...] pessoa singular"[278] e o agente econômico como "[...] pessoa singular ou coletiva, pública ou privada"[279].

---

[274] LEI n.º 24/1996. *Diário da República I Série* [Em linha]. N.º 176 (31-07-1996). p. 2184-2189. [Consult. 28 Jan. 2020]. Disponível em https://data.dre.pt/eli/lei/24/1996/07/31/p/dre/pt/html.

[275] Artigo 2.º, item 1 da Lei n.º 24/1996, de 31 de Julho. LEI n.º 24/1996. *Diário da República I Série...*, p. 2184-2189.

[276] Artigo 4.º, alínea "a" da Diretiva n.º 2013/11/UE do Parlamento Europeu e do Conselho de 21 de Maio de 2013. DIRETIVA n.º 2013/11/UE. *EUR-Lex Jornal...*, p. 70.

[277] Artigo 4.º, alínea "b" da Diretiva n.º 2013/11/UE do Parlamento Europeu e do Conselho de 21 de Maio de 2013. *Idem – Ibidem.*

[278] Artigo 3º, alínea "d" da Lei n.º 144/2015, de 8 de Setembro. LEI n.º 144/2015. *Diário da República I Série...*, p. 7251-7258.

[279] Artigo 3º, alínea "e" da Lei n.º 144/2015, de 8 de Setembro. *Idem – Ibidem.*

Por outro lado, Jorge Morais Carvalho, João Pedro Pinto-Ferreira e Joana Campos Carvalho destacam o impasse de encontrar um conceito uniforme de consumidor nas legislações de Portugal e internacional por mera "[...] opção política"[280], dando importância à definição dada pela Lei n.º 24/1996, de 31 de Julho, por ser o parâmetro para as outras normas[281], por ter 26 anos de vigência.

Nesse sentido, a lei portuguesa estabelece que esses direitos englobam a qualidade dos bens e serviços, a proteção da saúde e da segurança física, a formação e a educação para o consumo, a proteção dos interesses econômicos, a prevenção e a reparação dos danos patrimoniais e não patrimoniais, a proteção jurídica e a participação na definição legal e administrativa dos seus direitos e interesses pelos representantes.[282]

Diante desse contexto, o Instituto Nacional de Defesa do Consumidor foi criado em 1983, pela Lei n.º 29/1981, de 22 de Agosto (Defesa do Consumidor em Portugal), com personalidade jurídica e autonomia administrativa[283] para viabilizar a defesa dos direitos do consumidor, além de adotar medidas que possibilitem a proteção desses direitos. Tendo ainda a função de informar e apoiar as associações de defesa do consumidor[284]. Esta lei foi revogada pela nova lei orgânica do Instituto, que era o Decreto-Lei n.º 195/1993 e passou a ser denominado como Instituto do Consumidor (IC), sendo uma "[...] pessoa colectiva pública dotada de autonomia administrativa e tutelada pelo Ministro do Ambiente e Recursos Naturais"[285]. A sua extinção decorreu com o surgimento da Direcção-Geral do Consumidor (DGC), que passou a tratar deste assunto.

Maria Cristina Portugal aponta que na época da criação do Instituto do Consumidor, a defesa do consumidor estava nascendo. Além disso, ressalta

---

280 CARVALHO, Jorge Morais; PINTO-FERREIRA, João Pedro; CARVALHO, Joana Campos – *Manual de Resolução...*, p. 24.

281 *Idem – Ibidem.*

282 Artigo 3.º da Lei n.º 24/1996, de 31 de Julho. LEI n.º 24/1996. *Diário da República I Série...*, p. 2184-2189.

283 LEI n.º 29/1981. *Diário da República I Série* [Em linha]. N.º 192 (22-08-1981). p. 2179-2182. [Consult. 6 Ago. 2020]. Disponível em https://dre.pt/application/conteudo/575922.

284 Artigo 15.º da Lei n.º 29/1981. *Idem – Ibidem.*

285 Artigo 1.º da Decreto-Lei n.º 195/1993. DECRETO-LEI n.º 195/1993. *Diário da República I Série A* [Em linha]. N.º 120 (24-05-1993). p. 2848-2852. [Consult. 6 Ago. 2020]. Disponível em https://dre.pt/application/conteudo/283525.

que o IC exercia as funções de uma associação de consumidores, como reivindicar direitos, denunciar abusos, mediar conflitos; e de um organismo público, pois exercia sanções, executava "[...] políticas de proteção do consumidor e interlocutor privilegiado, nacional e comunitário, para a execução"[286].[287]

Assim, Cátia Marques Cebola complementa tal assunto com o conceito de conflitos de consumo, como a "[...] aquisição de bens, serviços ou direitos destinados a uso não profissional e fornecidos, prestados ou transmitidos"[288] pelo "[...] profissional"[289] que exerce uma atividade econômica ou por "[...] organismos da Administração Pública, por pessoas coletivas públicas, por empresas de capitais públicos ou detidos maioritariamente pelo Estado, pelas Regiões Autónomas ou pelas autarquias locais e por empresas concessionárias de serviços públicos"[290].

Em relação ao Brasil, o Código de Proteção e Defesa do Consumidor completou 32 anos de vigência no dia 11 de Setembro de 2022, sendo o precursor na elaboração e sistematização de um código, que antecedeu Portugal, entretanto já havia certos movimentos consumeristas na Europa e nos Estados Unidos nas décadas anteriores aos anos 70.[291]

A proteção ao consumidor brasileiro iniciou-se em 1970, entretanto em 1974 foi criado o Conselho de Defesa do Consumidor do Rio de Janeiro[292] e em 1976 houve a criação da Associação de Proteção ao Consumidor de Porto Alegre, a Associação de Defesa e Orientação do Consumidor em Curitiba e o Sistema Estadual de Proteção do Consumidor em São Paulo, que em 1978, passou a ser o primeiro órgão de defesa do consumidor, que foi o Procon/SP o pioneiro da criação do Programa Estadual de Proteção e Defesa do

---

286 CARVALHO, Jorge Morais; GOUVEIA, Mariana França [Org.] – Introdução. In *Conflitos de Consumo*. Coimbra: Editora Almedina, 2006. ISBN 978-9724027661. p. 14.

287 *Idem – Ibidem.*

288 CEBOLA, Cátia Marques – Mediação e Arbitragem de Conflitos de Consumo: Panorama português. *Revista Portuguesa de Direito do Consumo – RPDC*..., p. 13-49.

289 *Idem – Ibidem.*

290 *Idem – Ibidem.*

291 MEDEIROS, Lúcia Maria de – *O Direito do Consumidor. Estudo dos Princípios na Perspectiva do Código Brasileiro de Defesa do Consumidor.* Coimbra: Universidade de Coimbra, 2019. 133 f. Dissertação de Mestrado em Direito. p. 32.

292 CAVALIERI FILHO, Sergio – *Programa de Direito do Consumidor.* 5.ª ed. São Paulo: Atlas, 2019. ISBN 9788597022407. p. 19.

Consumidor (Procon)[293]. Em 1985 criou-se o Conselho Nacional de Defesa do Consumidor, que passou a ser o Departamento Nacional de Proteção e Defesa do Consumidor ligado à Secretaria Nacional de Direito Econômico, que em 2012 passou a ser a Secretaria Nacional do Consumidor (Senacon)[294] pertencente ao Ministério da Justiça[295], tendo a competência de coordenar a política do Sistema Nacional de Defesa do Consumidor (SNDC)[296].

Nesse contexto, a Constituição da República Federativa do Brasil estabeleceu a defesa do consumidor como direito e garantia fundamental[297], além de considerá-lo como princípio geral da atividade econômica[298]. Ademais, estipulou o prazo de cento e vinte dias para que o Código de Proteção e Defesa do Consumidor fosse elaborado[299] e define consumidor como "toda pessoa física ou jurídica que adquire ou utiliza produto ou serviço como destinatário final"[300], inclusive que abrange "a coletividade de pessoas, ainda que indetermináveis, que haja intervindo nas relações de consumo"[301]. Referindo-se também como fornecedor a pessoa física e jurídica, de natureza jurídica pública ou privada, sendo brasileira ou estrangeira, compreende nessa significação os "[...] entes despersonalizados, que desenvolvem atividade de produção, montagem, criação, construção, transformação, importação,

---

[293] BESSA, Leonardo Roscoe; MOURA, Walter José Faiad de – *Manual de Direito do Consumidor.* 4.ª ed. Brasília: Escola Nacional de Defesa do Consumidor, 2014. ISBN 9788585820688. p. 27.

[294] Criado pelo Decreto n.º 7.738/2012, de 28 de Maio. MINISTÉRIO da Justiça e Segurança Pública. *O que é Senacon* [Consult. 2 Dez. 2020]. Disponível em https://www.justica.gov.br/seus-direitos/consumidor/o-que-e-senacon.

[295] BENJAMIN, Antônio Herman de Vasconcellos e – *O Código Brasileiro de Proteção do Consumidor.* Rio de Janeiro: Forense Universitária, 1992. p. 3.

[296] Regulamentado pelo Decreto n.º 2.181/1997, de 20 de Março, para estabelecer as normas gerais das sanções administrativas previstas no Código de Defesa do Consumidor. DECRETO n.º 2.181/1997. *Planalto* [Em linha]. (20-03-1997). [Consult. 3 Dez. 2020]. Disponível em http://www.planalto.gov.br/ccivil_03/decreto/d2181.htm.

[297] Artigo 5º, inciso XXXII da Constituição da República Federativa do Brasil. ANGHER, Anne Joyce [Org.] – *Vade Mecum.* Vol. 1..., p. 23.

[298] Artigo 170, inciso V da Constituição da República Federativa do Brasil. *Idem – Op. Cit.* p. 77.

[299] Artigo 48 dos Ato das Disposições Constitucionais Transitórias da Constituição da República Federativa do Brasil. *Idem – Op. Cit.* p 100.

[300] Artigo 2º da Lei n.º 8.078/90, de 11 de Setembro. *Idem – Op. Cit.* p. 648.

[301] Artigo 2º, parágrafo único da Lei n.º 8.078/90, de 11 de Setembro. *Idem – Ibidem.*

exportação, distribuição ou comercialização de produtos ou prestação de serviços"[302].

Na visão de Luiz António Nunes Rizzatto e Cláudia Lima Marques, "o legislador brasileiro aparenta ter feito a opção por um conceito mais objetivo, fixando como única característica restritiva a aquisição ou utilização do bem como destinatário final"[303-304], sendo que o código considera como consumidor tanto a pessoa física como a pessoa jurídica, que é a diferença apresentada com a legislação da Alemanha e da França[305], bem como Portugal, pois consideram apenas a pessoa física. Jorge Oscar Rossi esclarece que "[...] não é relevante que o consumidor seja uma pessoa jurídica ou humana [...] se pessoa jurídica ou humana não confere por si só, maior força ou fraqueza na hora de negociar e fazer valer direitos"[306]. Nesse sentido, diante dessa dicotomia adotada no Brasil, o entendimento do Superior Tribunal de Justiça (STJ) em relação à incidência da vulnerabilidade será analisada perante cada caso concreto, seja para pessoa física ou jurídica[307].

Nos dizeres de Ada Pellegrini Grinover, que destaca a aplicação do Código de Proteção e Defesa do Consumidor para "[...] todos os interesses difusos e coletivos, e criando uma nova categoria de direitos ou interesses, individuais por natureza e tradicionalmente tratados apenas a título pessoal"[308], sendo uma das autoras responsáveis pelo anteprojeto do código. Ressalta ainda que houve a influência da Lei n.º 29/1981, de 22 de Agosto de 1981 de Portugal, bem como da Diretiva n.º 84/450/CEE do Conselho, de 10 de Setembro de 1984 e da Diretiva n.º 85/374/CEE do Conselho, de 25 de Julho de 1985,

---

[302] Artigo 3º da Lei n.º 8.078/90, de 11 de Setembro. *Idem – Ibidem.*

[303] RIZZATTO, Luiz António Nunes – *Comentários ao código de defesa do consumidor.* 6.ª ed. São Paulo: Saraiva, 2011. ISBN 9788502118836. p. 292-293.

[304] MARQUES, Cláudia Lima – *Manual de Direito do Consumidor.* 3.ª ed. São Paulo: Revista dos Tribunais, 2010. ISBN 9788520334324. p. 111-112.

[305] MARQUES, Cláudia Lima – *Contratos no código de defesa do consumidor...*, p. 263.

[306] ROSSI, Jorge Oscar – *Derecho del Consumidor: Ámbito de Aplicación, Documento de Venta y Garantía Legal, a la Luz de la Reforma de la Ley 26.361.* In *La Reforma del Régimen de Defensa del Consumidor por Ley 26.361.* Buenos Aires: AbeledoPerrot, 2009. p. 23.

[307] SILVA, Juliana Pereira da [Coord.] – *Manual de Direito do Consumidor...*, p. 83.

[308] GRINOVER, Ada Pellegrini; [Et. al.] – *Código Brasileiro de Defesa do Consumidor: comentado pelos autores do anteprojeto.* 9.ª ed. Rio de Janeiro: Forense Universitária, 2007. ISBN 9788530982164. p. 795-796.

além das influências das normas da Alemanha, do Canadá, do México e da Espanha[309] na elaboração do Código de Proteção e Defesa do Consumidor.

Segundo Leonardo de Medeiros Garcia, o Código de Proteção e Defesa do Consumidor "[...] constitui um microssistema jurídico multidisciplinar na medida em que possui normas que regulam todos os aspectos da proteção do consumidor"[310]. Nesse sentido, Flávio Tartuce e Daniel Amorim Assumpção Neves acrescentam que "[...] é uma legislação típica da pós-modernidade jurídica, e é fruto das novas exigências e preocupações sociais"[311]. Sendo que no viés da interdisciplinariedade, nos dizeres de Leonardo Garcia, "[...] o Código de Defesa do Consumidor outorgou tutelas específicas ao consumidor nos campos civil (arts. 8º a 54), administrativo (arts. 55 a 60 e 105/106), penal (arts. 61 a 80) e jurisdicional (arts. 81 a 104)"[312].

Assim, o Código de Proteção e Defesa do Consumidor é um microssistema[313] com características de direito público e privado, sendo ainda multidisciplinar, por dialogar com os outros ramos do direito, como administrativo, processo civil e civil. Por isso, nos dizeres de Cláudia Lima Marques, António Herman Benjamin e Leonardo Roscoe Bessa, é uma "[...] norma de ordem pública e interesse social, indisponível e inafastável, que visa proteger o consumidor"[314]. Nesse viés, Mario Ferreira Monte aponta que "[...] foi o primeiro Código a surgir, principalmente se atendermos à sua ambiciosa estrutura, bem como à quantidade de normas que regulam todas as matérias atinentes ao consumidor"[315].

---

[309] *Idem – Op. Cit.* p. 10.

[310] GARCIA, Leonardo de Medeiros – *Código de Defesa do Consumidor Comentado Artigo por Artigo.* Salvador: Juspodivm, 2016. ISBN 978-8544211687. p. 640.

[311] TARTUCE, Flávio; NEVES, Daniel Amorim Assumpção – *Manual do Direito do Consumidor: direito material e processual.* 7.ª ed. Rio de Janeiro: editora Forense, 2018. ISBN 9788530978426. p. 4.

[312] GARCIA, Leonardo – *Código de Defesa do Consumidor: doutrina e jurisprudência para atualização profissional.* 2.ª ed. Salvador: Juspodivm, 2020. ISBN 9788544226049. p. 2.

[313] MEDEIROS, Lúcia Maria de – *O Direito do Consumidor. Estudo dos Princípios na Perspectiva do Código Brasileiro de Defesa do Consumidor...*, p. 45.

[314] MARQUES, Cláudia Lima; BENJAMIN, António Herman; BESSA, Leonardo Roscoe – *Manual de Direito do Consumidor.* 3.ª ed. São Paulo: Revista dos Tribunais, 2017. ISBN 978-8520373682. p. 31-41.

[315] MONTE, Mario Ferreira – *Da Proteção Penal do Consumidor: o problema da (des)criminação no incitamento ao consumo.* Coimbra: Editora Almedina, 1996. ISBN 9789723223057. p. 82.

O Código de Proteção e Defesa do Consumidor é uma norma principiológica, estruturado "[...] por um conjunto de princípios e regras"[316] para proteger o consumidor, nos dizeres de António Pinto Monteiro, abrangendo o Princípio do Protecionismo[317], da Vulnerabilidade[318], da Hipossuficiência do Consumidor[319]. Há ainda previsão de normas penais para fiscalizar e oferecer denúncia contra o fornecedor infrator.

Considerando que no modelo do liberalismo econômico não há como assegurar o equilíbrio das forças na relação de consumo entre os consumidores e os fornecedores[320], segundo Luís Manuel Teles Menezes Leitão, sendo necessária a intervenção estatal para equilibrá-la de forma material e processual, e por isso a Lei de Defesa do Consumidor em Portugal e no Código de Proteção e Defesa do Consumidor no Brasil estão regidos por princípios que norteiam esta relação.

Nesse contexto, Cláudia Lima Marques esclarece que a partir do momento que passou a considerar como direito fundamental a proteção ao consumidor na Constituição da República Portuguesa e na Constituição Federativa do Brasil, houve assim "[...] a introdução no texto constitucional do direito do consumidor traz a esse direito garantia institucional de existência e efetividade"[321], passando a ter força normativa constitucional.

2.1. PARTICULARIDADES DA RELAÇÃO CONSUMIDOR-FORNECEDOR/ PRESTADOR DE SERVIÇO

Diante da análise realizada com os conceitos estabelecidos pelos ordenamentos jurídicos de Portugal e do Brasil em relação aos componentes do direito do consumidor, além dos posicionamentos doutrinários, Cátia

---

316 MONTEIRO, António Pinto – A Defesa do Consumidor no limiar do século XXI. *Studia Iuridica*. Coimbra: Boletim da Faculdade de Direito de Coimbra. ISSN 0769-3362. N.º 73 (Ago. 2003), p. 39.

317 Artigo 1º da Lei n.º 8.078/1990, de 11 de Setembro. ANGHER, Anne Joyce [Org.] – *Vade Mecum*. Vol. 1..., p. 648.

318 Artigo 4º, inciso I da Lei n.º 8.078/1990, de 11 de Setembro. *Idem – Ibidem*.

319 Artigo 6º, inciso I da Lei n.º 8.078/1990, de 11 de Setembro. *Idem – Op. Cit.* p. 648.

320 LEITÃO, Luís Manuel Teles Menezes – *O Direito do Consumo: autonomização e configuração dogmática*. Vol. I. Coimbra: Editora Almedina, 2002. ISBN 9789724016818. p. 13-14.

321 MARQUES, Cláudia Lima – *Manual de Direito do Consumidor...*, p. 45.

Marques Cebola acentua que o objeto desta relação geralmente corresponde a um baixo valor e isso reflete na ação judicial, que vulgarmente é considerada de forma imprópria como "[...] bagatela jurídica"[322], mas isso não significa que o transtorno na vida do consumidor para solucionar o problema que houve com o produto ou com a prestação de serviço seja irrelevante. Sendo que este dilema demonstra que o acesso à justiça, "[...] pilar fundamental do Estado de Direito, vem sofrendo profundas transformações"[323]. Isso, porque em relação a esse baixo valor, o consumidor acaba tendo uma "[...] atitude passiva"[324] sobre essa questão e deixa de pleitear seu direito em função da "[...] morosidade da justiça comum, e seu alto custo, circunstâncias tais que sem dúvida desencorajam"[325] e faz com que assuma tal dano.[326]

Na relação que há entre consumidor com o prestador de serviço ou fornecedor de produto ou agente econômico, que são denominações estabelecidas pelos legisladores e doutrinadores, o consumidor é a parte vulnerável por ter "[...] carência de informação sobre qualidade, preços, crédito e outras características dos produtos e serviços"[327], além de ser a parte "[...] economicamente mais fraca e juridicamente menos experiente"[328], sendo este o brocardo do Princípio da Vulnerabilidade que "[...] tem por objetivo assegurar a igualdade formal-material aos sujeitos da relação jurídica de consumo"[329], e isso é o que embasa a necessidade de proteção do consumidor.

---

322 CEBOLA, Cátia Marques – Mediação e Arbitragem de Conflitos de Consumo: Panorama português. *Revista Portuguesa de Direito do Consumo – RPDC...*, p. 13-49.

323 SILVA, Paula Costa e – *A nova face da justiça: os meios extrajudiciais de resolução de controvérsias*. Coimbra: Editora Coimbra, 2009. ISBN 9789723217513. p. 19.

324 CEBOLA, Cátia Marques – Mediação e Arbitragem de Conflitos de Consumo: Panorama português. *Revista Portuguesa de Direito do Consumo – RPDC...*, p. 13-49.

325 FILOMENO, José Geraldo Brito – *Direitos do Consumidor.* 15.ª ed. São Paulo: Atlas, 2018. ISBN 9788597017052. p. 283.

326 CEBOLA, Cátia Marques – Mediação e Arbitragem de Conflitos de Consumo: Panorama português. *Revista Portuguesa de Direito do Consumo – RPDC...*, p. 13-49.

327 GRINOVER, Ada Pellegrini; [Et. al.] – *Código Brasileiro de Defesa do Consumidor...*, p. 7.

328 CEBOLA, Cátia Marques – Mediação e Arbitragem de Conflitos de Consumo: Panorama português. *Revista Portuguesa de Direito do Consumo – RPDC...*, p. 13-49.

329 BENJAMIN, Herman relat. – Acórdão do *Superior Tribunal de Justiça* com o número 586.316, de 19 de Março de 2009 [Em linha]. [Consult. 17 Mar. 2021]. Disponível em https://www.stj.jus.br/websecstj/cgi/revista/REJ.cgi/ITA?seq=683195&tipo=0&nreg=200301612085&SeqCgrmaSessao=&CodOrgaoJgdr=&dt=20090319&formato=PDF&salvar=false.

Cátia Marques Cebola ressalta ainda que alguns prestadores de serviços ou fornecedores de produtos ou agentes econômicos poderão ter um departamento jurídico para serem auxiliados em suas relações jurídicas estabelecidas com os consumidores. Enquanto que estes estarão desassistidos no momento de celebrar um contrato, por desconhecimento dos seus próprios direitos.[330]

Segundo Cláudia Lima Marques, os contratos estabelecidos em razão da relação de consumo deverão ser interpretados nos moldes do Código de Proteção e Defesa do Consumidor, nesse sentido sendo "[...] à luz da função social do contrato e o primordial reconhecimento da existência do desequilíbrio de forças nas relações de consumo e a indispensável proteção do sujeito mais fraco e vulnerável de tal relação"[331].

Assim, os Tribunais Portugueses e Brasileiros vêm decidindo, como no caso da consumidora brasileira que teve o pedido de cobertura da cirurgia de mamoplastia bilateral negado pela operadora de plano de saúde. Nesse sentido, o Superior Tribunal de Justiça embasou a decisão do recurso especial concedendo este direito com fulcro "[...] a partir das desigualdades havidas entre as partes contratantes, a harmonia das relações de consumo e o equilíbrio nas relações entre consumidores e fornecedores"[332] e, por isso era inviável que a consumidora tivesse o conhecimento de todos os procedimentos inclusos no contrato firmado. Além disso, a linguagem técnico-científica é ininteligível para qualquer leigo, sendo que a cirurgia requerida não está expressa no rol taxativo da Agência Nacional de Saúde, que elenca a Classificação Internacional de Doenças (CID) que não estarão amparadas pela assistência das operadoras de planos de saúde.

Nesse viés, o Superior Tribunal de Justiça reconheceu a responsabilidade de todos os fornecedores na relação de consumo e, por isso, negou-lhes provimento ao recurso interposto, pois baseou-se na solidariedade existente entre eles e no reconhecimento da vulnerabilidade da consumidora.[333]

---

330 CEBOLA, Cátia Marques – Mediação e Arbitragem de Conflitos de Consumo: Panorama português. *Revista Portuguesa de Direito do Consumo – RPDC...*, p. 13-49.

331 MARQUES, Cláudia Lima – *Manual de Direito do Consumidor...*, p. 116.

332 ANDRIGHI, Nancy relat. – Acórdão do *Superior Tribunal de Justiça* com o número 1876630, de 11 de Março de 2021 [Em linha]. [Consult. 17 Mar. 2021]. Disponível em https://scon.stj.jus.br/SCON/GetInteiroTeorDoAcordao?num_registro=202001255040&dt_publicacao=11/03/2021.

333 BELLIZZE, Marco Aurélio relat. – Acórdão do *Superior Tribunal de Justiça* com o número 1591803, de 12 de Fevereiro de 2021 [Em linha]. [Consult. 17 Mar. 2021]. Disponível em

Como também no julgamento que tratou da abusividade da operadora de plano de saúde em limitar o número e a periodicidade das sessões de terapia ocupacional prescritas devidamente pelo médico, que a consumidora deveria realizar em seu tratamento, concedendo-lhe este direito.[334]

Nessa perspectiva, o Supremo Tribunal de Justiça fundamentou a sua decisão no Princípio da Vulnerabilidade do Consumidor diante da obrigatoriedade da construtora portuguesa em reparar os defeitos ocorridos em decorrência da obra realizada, além de considerar devido o pedido de indenização, que culminou, ainda, na responsabilidade solidária entre o empreiteiro e a construtora.[335] No mesmo sentido, a construtora foi obrigada a indenizar o consumidor português, que após a negativa da mesma em refazer a obra, houve a contratação de outra empresa para que realizasse a reforma da fachada do edifício, em decorrência da urgência e do iminente perigo em causar algum acidente.[336] Em outro caso, à luz do dever de informação, uma instituição financeira foi obrigada a indenizar a consumidora portuguesa em decorrência da falta de esclarecimentos em relação às cláusulas contratuais e isso resultou em um montante que a mesma deveria pagar ao banco em 24 horas. Entretanto, foi demonstrado nos autos que não houve o devido esclarecimento sobre a incidência das taxas de juros na celebração do contrato entre as partes.[337]

---

https://scon.stj.jus.br/SCON/GetInteiroTeorDoAcordao?num_registro=201902900031&dt_publicacao=12/02/2021.

[334] ANDRIGHI, Nancy relat. – Acórdão do *Superior Tribunal de Justiça* com o número 1846108, de 5 de Fevereiro de 2021 [Em linha]. [Consult. 17 Mar. 2021]. Disponível em https://scon.stj.jus.br/SCON/GetInteiroTeorDoAcordao?num_registro=201902172835&dt_publicacao=05/02/2021.

[335] OLIVEIRA, Nuno Manuel Pinto relat. – Acórdão do *Supremo Tribunal de Justiça* com número 4288/16.7T8FNC.L1.S2, de 10 de Dezembro de 2019 [Em linha]. [Consult. 17 Mar. 2021]. Disponível em http://www.dgsi.pt/jstj.nsf/954f0ce6ad9dd8b980256b5f003fa814/2ee84c911d0934f3802584cd003bc766?OpenDocument&Highlight=0,consumidor.

[336] ABREU, Oliveira relat. – Acórdão do *Supremo Tribunal de Justiça* com número 1066/14.1T8PDL.L1.S1, de 17 de Outubro de 2019 [Em linha]. [Consult. 17 Mar. 2021]. Disponível em http://www.dgsi.pt/jstj.nsf/954f0ce6ad9dd8b980256b5f003fa814/3e2a2bc59fa9b83f80258496005c5518?OpenDocument&Highlight=0,consumidor.

[337] REGO, Lopes do relat. – Acórdão do *Supremo Tribunal de Justiça* com número 1961/13.5TVLSB.L1.S1, de 4 de Maio de 2017 [Em linha]. [Consult. 17 Mar. 2021]. Disponível em http://www.dgsi.pt/jstj.nsf/954f0ce6ad9dd8b980256b5f003fa814/4ca953f4de03e9d6802581170053fb5b?OpenDocument.

Em relação aos preceitos normativos, a lei portuguesa estipulava o prazo de um ano para a qualidade do bem móvel não consumível e o mínimo de cinco anos para bem imóvel[338], revogado pelo Decreto-Lei n.º 67/2003, de 8 de Abril. Previa ainda o direito de reparação do dano, que poderá ser a reparação ou substituição do bem adquirido ou a redução do valor pago ou a resolução do contrato celebrado entre o consumidor e a empresa terá que ser realizado em trinta dias para o bem móvel e em um ano para o bem imóvel, a contar da ciência do consumidor[339]. Caso contrário, o direito de reparação caducará, mesmo havendo denúncia, se transcorridos seis meses.[340] Hoje, a Lei n.º 24/1996, de 31 de Julho, prevê apenas o direito à indenização dos danos patrimoniais e não patrimoniais, independente da culpa do fornecedor[341].

Já no Brasil, o prazo é menor, sendo de trinta dias para bens não duráveis e de noventa dias para bens duráveis, a contar da constatação pelo consumidor do defeito, sendo que após trinta dias desta reclamação, o consumidor poderá optar em substituir o produto ou a restituição do valor do pagamento ou a sua redução. O prazo decadencial inicia-se com a ciência do consumidor sobre o vício no produto ou no serviço prestado.[342]

Tanto em Portugal como no Brasil o direito de reparação do dano causado ao consumidor por produto defeituoso ou pela péssima qualidade da prestação do serviço independe da culpa do fornecedor[343], sendo que o código brasileiro elenca ainda o fabricante, o produtor, o construtor nacional ou estrangeiro e o importador, bem como as origens dos defeitos, como do projeto, da fabricação, da construção, da montagem, das fórmulas, da manipulação, da apresentação, da conservação do produto ou por falta de informações sobre o manuseamento do bem.[344]

---

338 Artigo 4.º itens 2 e 3 da Lei n.º 24/1996, de 31 de Julho. LEI n.º 24/1996. *Diário da República I Série...*, p. 2184-2189.

339 Artigo 12.º da Lei n.º 24/1996, de 31 de Julho. *Idem – Ibidem.*

340 Artigo 12.º, item 3 da Lei n.º 24/1996, de 31 de Julho. *Idem – Ibidem.*

341 Artigo 12.º da Lei n.º 24/1996, de 31 de Julho. *Idem – Ibidem.*

342 Artigo 26 da Lei n.º 8.078/90, de 11 de Setembro. ANGHER, Anne Joyce [Org.] – *Vade Mecum.* Vol. 1..., p. 649.

343 Artigo 12.º, item 2 da Lei n.º 24/1996, de 31 de Julho. LEI n.º 24/1996. *Diário da República I Série...*, p. 2184-2189.

344 Artigo 12 da Lei n.º 8.078/1990, de 11 de Setembro. ANGHER, Anne Joyce [Org.] – *Vade Mecum.* Vol. 1..., p. 649.

Diante de tais posicionamentos doutrinários e jurisprudenciais, verifica-se que há dicotomia entre os ordenamentos jurídicos portugueses e brasileiros referentes aos ditames estabelecidos para a defesa do direito do consumidor.

2.2. TUTELA JURÍDICA DO CONSUMIDOR NO ORDENAMENTO JURÍDICO

Já em relação às tutelas do direito do consumidor verifica-se de modo imediato que há semelhanças nas disposições legislativas de Portugal e do Brasil. As normas previstas na Lei n.º 24/1996, de 31 de Julho de Portugal[345] e na Lei n.º 8.078/1990, de 11 de Setembro do Brasil[346] dispõem que os preceitos estabelecidos não poderão ser derrogados pelos consumidores, do contrário será nulidade absoluta. Porém, em Portugal, o consumidor poderá optar pela continuidade do contrato[347].

Além disso, há ainda a previsão da legitimidade do Ministério Público[348-349] para demandar na justiça visando à proteção dos direitos dos consumidores por serem considerados direitos individuais homogêneos, coletivos ou difusos. No Brasil, a Defensoria Pública pela assistência judiciária gratuita[350] e, em Portugal, pelo Apoio Judiciário[351], que possibilitam o acesso à justiça para os hipossuficientes. Há ainda em Portugal a Direção-Geral do Consumidor[352] e a associação[353] legalmente constituída com a finalidade da defesa desses

---

[345] Artigo 10.º da Lei n.º 24/1996, de 31 de Julho. LEI n.º 24/1996. *Diário da República I Série...*, p. 2184-2189.

[346] Artigos 51 e 53 da Lei n.º 8.078/1990, de 11 de Setembro. ANGHER, Anne Joyce [Org.] – *Vade Mecum*. Vol. 1..., p. 654.

[347] Artigo 16.º, item 3 da Lei n.º 24/1996, de 31 de Julho. LEI n.º 24/1996. *Diário da República I Série...*, p. 2184-2189.

[348] Artigos 13.º e 20.º da Lei n.º 24/1996, de 31 de Julho. *Idem – Ibidem.*

[349] Artigos 82, inciso I e 92 da Lei n.º 8.078/1990, de 11 de Setembro. ANGHER, Anne Joyce [Org.] – *Vade Mecum*. Vol. 1..., p. 657-658.

[350] Artigos 5º, inciso LXXIV e 134 da Constituição Federal do Brasil. *Idem – Op. Cit.* p. 25.

[351] Lei n.º 34/2004, de 29 de Julho. LEI n.º 34/2004. *Diário da República I Série* [Em linha]. N.º 177 (29-07-2004). p. 4802-4810. [Consult. 21 Dez. 2020]. Disponível em https://data.dre.pt/eli/lei/34/2004/07/29/p/dre/pt/html.

[352] Artigos 13.º, alínea "c" e 21.º, alínea "c" da Lei n.º 24/1996, de 31 de Julho. LEI n.º 24/1996. *Diário da República I Série...*, p. 2184-2189.

[353] Artigo 82, inciso IV da Lei n.º 8.078/1990, de 11 de Setembro. ANGHER, Anne Joyce [Org.] – *Vade Mecum*. Vol. 1..., p. 657.

direitos, além da previsão da acção popular[354] a ser promovida pela associação de consumidor, sem fins lucrativos, que serão mais detalhadas no tópico a frente, sendo que este tipo de ação é denominada no Brasil como ação civil pública, que poderá ser instaurada pelo Ministério Público, Defensoria Pública, Entes Federativos, administração pública indireta e associação instituída há um ano com os fins estabelecidos em lei[355].

A Lei n.º 24/1996, de 31 de Julho, estabelece como defesa a ação inibitória para prevenir, corrigir e cessar as práticas lesivas, que violem a saúde e segurança física do consumidor, bem como o uso de cláusulas gerais proibitórias e a realização de práticas comerciais proibitivas, tendo ainda a previsão legal de reparação de danos patrimoniais e não patrimoniais em razão do fornecimento de bens defeituosos ou de prestação de serviços[356].

Segundo António Pinto Monteiro, integrante da Comissão do Anteprojeto do Código de Defesa do Consumidor de Portugal em 2006, que teve como "[...] correspondência aos Códigos do Brasil em 1990, da França em 1993, e a Itália em 2005"[357] já vigentes na época. Nesse sentido, o autor afirma que esta proteção é a "[...] defesa de quem é vítima de tais práticas ou técnicas, de quem está a mercê, pela sua situação de dependência ou de debilidade (económica, técnica, jurídica, cultural ou outra), da organização econômica da sociedade"[358]. E assim, concluiu que "[...] os problemas não estão suficientemente delimitados nem as soluções convenientemente amadurecidas para poderem ser enclausuradas num código"[359].

Em decorrência da pandemia e do *e-commerce*, houve certa atenção aos conflitos consumeristas, pois Portugal promulgou várias leis, como o Decreto-Lei n.º 84/2021, de 18 de Outubro[360], que regula os contratos e serviços

---

354 Artigo 18.º, item 1, alínea "l" da Lei n.º 24/1996, de 31 de Julho. LEI n.º 24/1996. *Diário da República I Série...*, p. 2184-2189.

355 Artigo 5º da Lei n.º 7.347/1985, de 24 de Julho. ANGHER, Anne Joyce [Org.] – *Vade Mecum*. Vol. 2..., p. 264.

356 Artigos 10.º e 12.º da Lei n.º 24/1996, de 31 de Julho. LEI n.º 24/1996. *Diário da República I Série...*, p. 2184-2189.

357 MONTEIRO, António Pinto – *Sobre o Direito do Consumidor em Portugal e o Anteprojeto do Código do Consumidor*. Coimbra: Editora Almedina, 2006. p. 49.

358 MONTEIRO, António Pinto – *O Direito do Consumidor em Portugal*. Coimbra: Centro de Direito do Consumo, 2002. ISBN 972-32-1325-7. p. 131.

359 *Idem – Op. Cit.* p. 140.

360 Este Decreto-Lei transpôs as Diretivas n.ºs 2019/771 e 2019/770, ambas promulgadas em 20 de Maio pelo Parlamento Europeu e do Conselho. DECRETO-LEI n.º 84/2021. *Diário da*

digitais e em relação ao direito comunitário, houve certa atenção às ações coletivas na defesa dos consumidores pela Diretiva 2020/1828 do Parlamento Europeu e do Conselho da UE, de 25 de Novembro[361], que revogou a Diretiva 2009/22/CE, de 23 de Abril.

No Brasil, há ainda no Código de Proteção e Defesa do Consumidor a previsão sobre o instituto da desconsideração da personalidade jurídica da sociedade que só poderá ser decretada por um juiz de direito e em caso de "[...] abuso de direito, excesso de poder, infração da lei, fato ou ato ilícito, violação dos estatutos ou do contrato social"[362], assim como no caso de "[...] falência, estado de insolvência, encerramento ou inatividade da personalidade jurídica provocados por má administração"[363] ou que a "[...] personalidade for, de alguma forma, obstáculo ao ressarcimento de prejuízos causados aos consumidores"[364].

A desconsideração da personalidade jurídica é utilizada, segundo Arruda Alvim, em casos de "[...] utilização abusiva da pessoa jurídica, com o intuito de fugir à incidência da lei ou de obrigações contratuais, ou causar fraudulentamente danos a terceiros [...] e faça com que o ato, que apenas formalmente seria dela, seja imputado diretamente ao sócio"[365]. Nesse contexto, Ada Pellegrini Grinover corrobora com o apontamento sobre a questão do uso deste instituto, cuja "[...] eficácia e o mérito da desconsideração da personalidade jurídica dependem também de seu adequado emprego [...] sempre seja utilizada como fraude ou abuso com desvio da finalidade social da pessoa jurídica"[366]. Embora não possa ser decretada na mediação extrajudicial, o registro foi realizado em função da importância desse instituto.

República I Série [Em linha]. N.º 202 (18-10-2021). p. 4-29. [Consult. 16 Nov. 2022]. Disponível em https://data.dre.pt/eli/dec-lei/84/2021/10/18/p/dre/pt/html.

[361] DIRETIVA 2020/1828/CE do Parlamento Europeu e do Conselho. *Jornal Oficial da União Europeia* [Em linha]. N.º 409 L (25-11-2020). p. 1-27. [Consult. 16 Nov. 2022]. Disponível em http://data.europa.eu/eli/dir/2020/1828/oj.

[362] Artigo 28 da Lei n.º 8.078/90, de 11 de Setembro. ANGHER, Anne Joyce [Org.] – *Vade Mecum*. Vol. 1..., p. 651.

[363] Artigo 28 da Lei n.º 8.078/90, de 11 de Setembro. *Idem – Ibidem.*

[364] Artigo 28, §5º da Lei n.º 8.078/90, de 11 de Setembro. *Idem – Ibidem.*

[365] ALVIM, Arruda – *Direito Comercial, coleção de estudos e pareceres*. São Paulo: Revista dos Tribunais, 1985. ISBN 9788520321645. p. 173.

[366] GRINOVER, Ada Pellegrini – Da Desconsideração da Pessoa Jurídica – Aspectos de Direito Material e Processual. *Revista Jurídica do Ministério Público do Estado de Minas Gerais*. Belo Horizonte: De Jure. ISSN 2316-6959. Vol. 6 (Maio 2006), p. 63.

Além disso, há ainda a inversão do ônus da prova que será também realizada a critério do juiz de direito no processo judicial, nos casos em que o consumidor apresente circunstâncias concretas que demonstrem a sua alegação para facilitar a própria defesa ou em razão da própria hipossuficiência diante do fornecedor ou prestador do serviço.[367]

Flávio Tartuce e Daniel Amorim Assumpção Neves destacam que o legislador brasileiro concedeu mais ênfase às normas processuais consumeristas coletivas em face das individuais e, por isso, "[...] não há, entretanto, uma ação específica e exclusiva à disposição do consumidor, como também não está previsto na Lei n.º 8.078/1990 um procedimento especialmente criado para a sua tutela individual"[368].

Segundo Cláudia Lima Marques, essa hipossuficiência está diretamente relacionada com a "[...] vulnerabilidade processual, caracterizando-se por ser uma dificuldade, uma deficiência do consumidor em produzir determinadas provas dentro de um processo judicial, mas que tal prova seria facilmente obtida pelo fornecedor"[369].

Roberto Senise Lisboa explica que "[...] o consumidor não tem como demonstrar o nexo de causalidade para a fixação da responsabilidade do fornecedor, já que este é quem possui a integralidade das informações e o conhecimento técnico do produto ou serviço defeituoso"[370], entretanto a hipossuficiência é relativa e, por isso, deverá ser comprovada diante do caso concreto[371].

Nesse contexto, Humberto Theodoro Júnior destaca a importância e a finalidade do mecanismo da inversão do ônus da prova que é "[...] tutelar o consumidor, e deve ser aplicado até quando seja necessário para superar a vulnerabilidade do consumidor e estabelecer seu equilíbrio processual em face do fornecedor"[372].

---

367 Artigo 6º, inciso VIII da Lei n.º 8.078/90, de 11 de Setembro. ANGHER, Anne Joyce [Org.] – *Vade Mecum*. Vol. 1..., p. 648.

368 TARTUCE, Flávio; NEVES, Daniel Amorim Assumpção – *Manual do Direito do Consumidor...*, p. 545.

369 MARQUES, Cláudia Lima – *Manual de Direito do Consumidor...*, p. 99.

370 LISBOA, Roberto Senise – *Responsabilidade Civil nas Relações de Consumo*. São Paulo: Revista dos Tribunais, 2001. ISBN 9788520329511. p. 37.

371 THEODORO JÚNIOR, Humberto – *Direitos do Consumidor*. 9.ª ed. Rio de Janeiro: Forense, 2017. ISBN 9788530935719. p. 11.

372 *Idem – Op. Cit.* p. 59-60.

No mesmo sentido, Flávio Tartuce e Daniel Amorim Assumpção Neves asseveram que a inversão do ônus da prova cuja "[...] finalidade de facilitar a defesa dos direitos dos consumidores no processo civil, sendo de suma importância para a defesa individual e coletiva dos consumidores em juízo"[373].

De tudo isso, conclui-se que a legislação portuguesa e brasileira estabelecem os direitos inerentes ao consumidor na relação de consumo em decorrência da sua vulnerabilidade, bem como as ações judiciais que poderão ser interpostas para alcançarem a defesa desses direitos em face do fornecedor de produtos ou do prestador de serviços.

---

[373] TARTUCE, Flávio; NEVES, Daniel Amorim Assumpção – *Manual do Direito do Consumidor...*, p. 38.

No mesmo sentido, Flávio Tartuce e Daniel Amorim Assumpção Neves

3. DIRERENÇAS ENTRE O REGIME LUSO-BRASILEIRO NA MEDIAÇÃO DE CONSUMO

Na evolução histórica foi mostrado o caminho percorrido pelos legisladores portugueses e brasileiros para a elaboração da lei de mediação de cada país com o objetivo de realizar uma mudança de paradigma da cultura do litígio no Judiciário para a autocomposição.

Nessa perspectiva, verificará adiante que ambos adotaram o mesmo tipo de mediação, entretanto Portugal elaborou uma lei específica para as RALC extrajudicial, incluiu a questão dos conflitos transfronteiriços, adotou o Princípio da Executoriedade para que haja a dispensa da homologação judicial nos acordos realizados pelas agências, além de validar as mediações ocorridas em outros Estados-Membros da UE.

Por outro lado, no Brasil não houve a elaboração de uma lei específica que fomentasse a criação de agências privadas, que pudessem realizar mediação para os conflitos de consumo e nem para os que possuem baixo valor, que são as principais demandas no país. Será que isso repercutirá no direito comparado com Portugal? A resposta será esclarecida a seguir.

Assim, o regime da mediação de consumo mostrará as peculiaridades da lei de cada país juntamente com as semelhanças e diferenças que há em relação aos princípios, as fases do procedimento e a importância do papel do mediador. Tendo ainda os vieses dos doutrinadores de cada país, simultaneamente com as críticas aos ditames estabelecidos nas leis.

3.1. LEI DE MEDIAÇÃO

Nesse sentido, antes do surgimento da Lei Geral da Mediação em Portugal, já havia legislações que particularizavam o sistema público de mediação, sendo a laboral[374], familiar[375] e penal[376] como as especializadas e, os Julgados de Paz. Nesse panorama legislativo, não existia lei que tratasse sobre a mediação na seara privada até o advento da Lei n.º 29/2013, de 19 de Abril, que a incluiu e especificou de forma pormenorizada.

Dulce Lopes e Afonso Patrão explicam que até a promulgação da Lei n.º 29/2013, de 19 de Abril, havia em Portugal apenas a "[...] regulação detalhada dos sistemas públicos de mediação (especializada e Julgados de Paz) e a um vazio legal quase completo no que dizia respeito à mediação privada"[377]. Jorge Morais Carvalho apoia esta desregulação, "[...] embora reconhecesse a necessidade de intervenção legal limitada a um mínimo indispensável"[378].

A Lei n.º 29/2013, de 19 de Abril, intitulada Lei Geral da Mediação foi estruturada pelo legislador português de forma pormenorizada, abarcando os conflitos transfronteiriços realizados em outro Estado-Membro da UE.[379] A presente lei contém seis capítulos denominados respectivamente de disposições gerais, princípios, mediação civil e comercial, mediador de conflitos, sistemas públicos de mediação, disposições complementares e finais. A mediação pública é financiada total ou parcialmente, além de estabelecida e regulamentada pelo Estado, já a mediação privada não possui a intervenção estatal e nem vinculação com a "[...] administração pública da justiça"[380].

Dulce Lopes e Afonso Patrão destacam que a Lei n.º 29/2013, de 19 de Abril "[...] foi além do que lhe era imposto pela Diretiva n.º 2008/52/CE da União Europeia [...] não se aplicam apenas a litígios transfronteiriços

---

374 SISTEMA de Mediação Laboral. *Protocolo de Acordo* [Em linha]. Lisboa. (05-05-2006). [Consult. 21 Fev. 2021]. Disponível em https://dgpj.justica.gov.pt/Portals/31/GRAL_Media%E7%E3o/Protocolo_Mediacao_Laboral.pdf.

375 DESPACHO 18.778/2007. *Diário da República II Série* [Em linha]. N.º 161 (22-08-2007). p. 24051-24052. [Consult. 21 Fev. 2021]. Disponível em https://dre.pt/web/guest/pesquisa/-/search/3046940/details/normal?q=18778%2F2007.

376 LEI n.º 21/2007. *Diário da República I Série...*, p. 3798-3801.

377 LOPES, Dulce; PATRÃO, Afonso – *Lei da Mediação Comentada...*, p. 7.

378 CARVALHO, Jorge Morais – A Consagração Legal da Mediação em Portugal. *Revista Julgar...*, p. 272.

379 Artigo 15.º da lei n.º 29/2013. LEI n.º 29/2013. *Diário da República I Série...*, p. 2278-2284.

380 Ideia de Jorge Morais Carvalho. CARVALHO, Jorge Morais – A Consagração Legal da Mediação em Portugal. *Revista Julgar...*, p. 271.

intracomunitários"[381]. Assim, Cátia Marques Cebola afirma que "[...] a lei portuguesa adaptou uma postura monista consagrando tais regras para todos os procedimentos de mediação realizadas em Portugal"[382]. Tanto que na Exposição de Motivos da Proposta da Lei n.º 116/XII, que deu origem à Lei n.º 29/2013, de 19 de Abril, constava que "[...] contribuirá para uma maior divulgação da mediação e consequentemente para uma maior utilização deste mecanismo oferecendo aos cidadãos e às empresas uma solução"[383].

Dário Moura Vicente destaca a seguinte crítica que "[...] perdeu-se apenas a oportunidade de estender as regras relativas ao procedimento de mediação para litígios jurídico-administrativos ou tributários"[384] semelhante ao disposto no artigo 1º, item 2 da Diretiva n.º 2008/52/CE do Parlamento Europeu e do Conselho, de 21 de Maio de 2008.

A Lei n.º 29/2013, de 19 de Abril, estabelece a dispensa da homologação judicial dos acordos celebrados nas sessões de mediação em Portugal e isso inclui os conflitos transfronteiriços, o que consagra o Princípio da Executoriedade[385]. A homologação do acordo passará pela análise do objeto do litígio, além da consonância com os princípios gerais de direito e com a boa-fé, da capacidade das partes, se não houve abuso de direito e se não há violação à ordem pública.[386]

No Brasil, a lei que trata da mediação é a Lei n.º 13.140/2015, 26 de Junho, e representa o marco legal do instituto, que estabelece este método de RAL para os direitos disponíveis, bem como indisponíveis transigíveis, sendo que deverá ser homologado pelo juiz com a manifestação do Ministério Público.[387] O CPC e a Resolução n.º 125/2010 do CNJ, de 29 de Novembro, contribuíram para a elaboração desta lei específica sobre mediação. Nesse sentido, o CPC preconiza e incentiva a mediação em todo o decorrer do processo judicial,

---

381 LOPES, Dulce; PATRÃO, Afonso – *Lei da Mediação Comentada...*, p. 15.

382 CEBOLA, Cátia Marques – A Mediação Pré-judicial em Portugal: Análise do Novo Regime Jurídico. *Revista da Ordem dos Advogados...*, p. 448.

383 *PRESIDÊNCIA do Conselho de Ministros*. Proposta da Lei n.º 116/XII. [Consult. 30 Out. 2020]. (22.11.2012). p. 5. Disponível em https://www.parlamento.pt/ActividadeParlamentar/Paginas/DetalheIniciativa.aspx?BID=37369.

384 VICENTE, Dário Moura – *A Diretiva sobre a Mediação em Matéria Civil...*, p. 113.

385 Artigo 9.º da lei n.º 29/2013. LEI n.º 29/2013. *Diário da República I Série...*, p. 2278-2284.

386 Artigo 14.º, item 3 da Lei n.º 29/2013, de 19 de Abril. *Idem – Ibidem.*

387 Artigo 3º, §2º da Lei n.º 13.140/2015, de 26 de Junho. ANGHER, Anne Joyce [Org.] – *Vade Mecum*. Vol. 2..., p. 769.

mesmo que as partes não tenham logrado êxito na audiência de mediação[388]. Já a Resolução n.º 125/2010 do CNJ, de 29 de Novembro, fomenta a criação de Centros Judiciários de Solução de Conflitos e Cidadania pelos Núcleos Permanentes de Métodos Consensuais de Solução de Conflitos para que os Tribunais realizem sessões de mediação e de conciliação em decorrência do que estabelece a Política Nacional de Tratamento Adequado dos Conflitos[389], cujo objetivo é "[...] consolidar a cultura de soluções e tornar o processo civil mais resolutivo com essas atitudes"[390].

Nesse viés, após a criação desta lei, Luis Felipe Salomão leciona que "[...] em 2015 já tínhamos formado um verdadeiro microssistema de métodos adequados de conflitos à disposição da sociedade"[391]. Francisco José Cahali menciona que a Lei n.º 13.140/2015, de 26 de Junho "[...] não tem o condão de submeter a mediação privada a regras rígidas, mas apenas de orientar a forma como o procedimento acontecerá, preservando a liberdade inerente ao instituto"[392]. Por fim, Paulo Afonso Brum Vaz aponta que com esta lei poderá surgir no Brasil "[...] uma nova cultura cujo pressuposto é o deslocamento da justiça estatal para a autocomposição [...] para o resgate da autonomia e da responsabilidade dos indivíduos na solução dos seus conflitos e um remédio para a crise de funcionamento do aparato judicial"[393].

---

388 Artigo 359 do Código de Processo Civil. ANGHER, Anne Joyce [Org.] – *Vade Mecum*. Vol. 1..., p. 319.

389 Artigo 4º da Resolução n.º 125/2010, de 29 de Novembro. RESOLUÇÃO n.º 125/2010. *Conselho Nacional de Justiça...*, p. 2.

390 AZEVEDO, André Gomma de [Org.] – *Manual de Mediação Judicial*. 7.ª ed. Brasília: Grupo de Pesquisa, 2018. ISBN 9781387217984. p. 52.

391 CABRAL, Trícia Navarro Xavier; CURY, Cesar Felipe [Org.] – *Lei de Mediação comentada artigo por artigo: dedicado à memória da Prof.ª Ada Pellegrini Grinover*. São Paulo: Editora Foco, 2018. ISBN 9788582423158. p. 10.

392 CAHALI, Francisco José – *Curso de arbitragem: mediação, conciliação – Resolução CNJ 125/2010*. 5.ª ed. São Paulo: Revista dos Tribunais, 2015. ISBN 9788520372531. p. 104-105.

393 VAZ, Paulo Afonso Brum – Primeiros comentários à Lei nº 13.140/2015 (marco regulatório da mediação/conciliação): imbricação com o NCPC e enfoque para os processos da Justiça Federal. *Revista de Doutrina do TRF 4ª Região* [Em linha]. Porto Alegre: Escola da Magistratura. (Out. 2015). [Consult. 19 Fev. 2021]. Disponível em https://www.trf4.jus.br/trf4/controlador.php?acao=noticia_visualizar&id_noticia=11421.

3.2. TIPOS DE MEDIAÇÃO

A doutrina divide a mediação embasada no posicionamento do mediador e dos mediados, portanto o procedimento da autocomposição será diferente para cada tipo. Assim, há a mediação facilitadora, interventora e transformadora. A intervenção do mediador na facilitadora ou assistencial será mínima, porque a função essencial será facilitar o diálogo entre as partes. Mariana França Gouveia aponta que "quanto menos se notar a presença do mediador no que diz respeito ao conteúdo do litígio, melhor este seria"[394]. Sendo esta que foi consagrada pelo ordenamento jurídico português e brasileiro.[395]

Entretanto, com o intuito de aproveitar a oportunidade das partes estarem presentes em uma sessão de mediação, importante enaltecer o papel do mediador em propor um acordo, caso nenhum envolvido tenha apresentado, visando à autocomposição para que as partes possam solucionar o conflito pelo consentimento espontâneo, sendo uma interferência interventora do mediador. Isso é recomendado nesses momentos, como também quando a outra parte propõe algo que contraria de forma clara o direito do consumidor, principalmente quando não está assistida por um advogado, advogado estagiário ou solicitador, porque tanto em Portugal como no Brasil a presença de representantes é facultativa nas sessões de mediação extrajudicial[396], entretanto no Brasil, se uma parte estiver assistida por um advogado ou defensor púbico, o mediador suspenderá a sessão até que todas estejam devidamente assistidas[397], cujo fundamento é o Princípio da Igualdade Processual. Contudo, nas sessões de mediações judiciais os ordenamentos jurídicos de Portugal[398] e do Brasil[399] estabelecem a presença do advogado como obrigatória.

---

[394] GOUVEIA, Mariana França – Mediação e Processo Civil. *Cadernos de Direito Privado.* Braga: CEJUR – Centro de Estudos Jurídicos do Minho. ISSN 1645-7242. N.º 1 (Dez. 2010), p. 25.

[395] *Idem – Op. Cit.* p. 26.

[396] Artigo 18.º da Lei n.º 29/2013, de 19 de Abril. LEI n.º 29/2013. *Diário da República I Série...*, p. 2278-2284.

[397] Artigo 10 da Lei n.º 13.140/2015. ANGHER, Anne Joyce [Org.] – *Vade Mecum.* Vol. 2..., p. 770.

[398] Artigos 40.º, 58.º e 594.º da Lei n.º 41/2013, de 26 de Junho. LEI n.º 41/2013. *Diário da República I Série...*, p. 3518-3665.

[399] Artigo 334, §9º da Lei n.º 13.105/2015, de 16 de Março. ANGHER, Anne Joyce [Org.] – *Vade Mecum.* Vol. 1..., p. 316

Na modalidade interventora ou avaliadora, o mediador terá uma postura mais ativa e de interferência, recomendando a proposta de acordo para as partes, sendo defendida por Jorge Morais Carvalho, João Pedro Pinto-Ferreira e Joana Campos Carvalho, que entendem que a Lei n.º 29/2013, de 19 de Abril não veda "[...] a formulação de propostas de acordo dirigidas aos mediados"[400] e isso não pode ser interpretado como uma imposição, pois não considera que haverá interferência na responsabilidade das partes perante o conteúdo do processo de mediação.[401] Entretanto, Manuel Pereira Barrocas esclarece nesse viés que o mediador poderá "[...] apresentar às partes propostas de solução de litígio, mas adianta que não lhes deve efectuar recomendações sobre o modo como o litígio deve ser resolvido, nem evidenciar opiniões críticas sobre as suas posições, sob pena de correr o risco de perder credibilidade"[402]. Segundo Dulce Lopes e Afonso Patrão entendem que há "[...] amplitude de intervenção do mediador, que pode envolver, quando adequado, a formulação (e não a imposição) de uma ou mais propostas que tendam para a resolução do litígio"[403].

Diante de tais ponderações doutrinárias, a mediação interventora favorece a proteção ao direito do consumidor, uma vez que o mediador português e brasileiro atuarão respectivamente nos moldes das normas éticas e deontológicas previstas na lei de mediação de Portugal e no Código Europeu de Conduta para Mediadores da Comissão Europeia[404], assim como na lei de mediação do Brasil e no Código de Ética de Conciliadores e Mediadores[405], ao fazerem uma proposta de acordo para as partes; além de terem uma participação mais ativa na busca da solução por meio de recomendações e sugestões. As desvantagens estão adstritas à possibilidade do mediador nessa atuação influente descumprir o dever da imparcialidade; aparentar ser uma autoridade na sessão de mediação; apresentar uma proposta que não condiz

[400] CARVALHO, Jorge Morais; PINTO-FERREIRA, João Pedro; CARVALHO, Joana Campos - *Manual de Resolução...*, p. 282.

[401] CARVALHO, Jorge Morais - A Consagração Legal da Mediação em Portugal. *Revista Julgar...*, p. 279.

[402] BARROCAS, Manuel Pereira - *Manual de Arbitragem...*, p. 78.

[403] LOPES, Dulce; PATRÃO, Afonso - *Lei da Mediação Comentada...*, p. 153.

[404] Artigo 26.º da Lei n.º 29/2013, de 19 de Abril. LEI n.º 29/2013. *Diário da República I Série...*, p. 2278-2284.

[405] Anexo III da Resolução n.º 125/2010 do Conselho Nacional de Justiça, de 29 de Novembro. AZEVEDO, André Gomma de [Org.] - *Manual de Mediação Judicial...*, p. 324-327.

com os interesses das partes e, caso o acordo proposto não seja cumprido, surgir o sentimento de culpa pelo insucesso da autocomposição.[406]

A mediação transformadora apresenta certa semelhança com a facilitadora, porém difere desta, para Dulce Lopes e Afonso Patrão, porque "[...] foca no processo de criação de acordo entre as partes, de modo a que estas consigam interiorizar técnicas que permitam atalhar àquele e a outros futuros litígios"[407].

Há ainda outra classificação da doutrina, que é o modelo de Harvard, o Sistêmico Narrativo e o Transformador. O modelo de Harvard foi elaborado por John M. Haynes no Programa de Negociação da Faculdade de Direito da Universidade de Harvard com o uso de técnicas de negociação colaborativa criadas por Roger Fisher, William Ury e Bruce Patton. Baseia-se em quatro princípios: separação das pessoas do problema, focar nos interesses reais, possibilitar ganhos mútuos e focar nos critérios objetivos[408]. Cristopher W. Moore aponta a mediação como um "[...] prolongamento ou aperfeiçoamento do processo de negociação"[409]. O mediador tem o foco na resolução do conflito, agindo de forma imparcial para que as partes estejam embasadas nos princípios para a realização do acordo.

O segundo modelo é o Sistêmico Narrativo de Sara Cobb, que enfatiza a comunicação e o diálogo. O mediador foca na construção da narrativa do conflito entre as partes para que o diálogo possa ser restaurado entre elas. Roberto D. Bloch e Daniel O. Iglesias explicam que este método seria uma "[...] consciência compartilhada de vantagens recíprocas"[410].

O terceiro modelo é o Transformador de Joseph P. Folger, sendo que o trabalho do mediador é incentivar as partes a solucionarem o próprio conflito pelo *empowerment*, que Francisco Diez e Gchi Tapia explicam que é "[...] uma ferramenta da mediação utilizada para que as partes fortaleçam suas próprias consciências sobre tudo o que podem e são capazes"[411]. Assim, para que haja

---

[406] GUNTHER, Luiz Eduardo [Org.] – *Manual Elementar de Mediação e Conciliação Judicial.* Curitiba: Escola Judicial Tribunal Regional do Trabalho da 9ª Região, 2013. p. 36.

[407] LOPES, Dulce; PATRÃO, Afonso – *Lei da Mediação Comentada...*, p. 150.

[408] GORETTI, Ricardo – *Mediação e Acesso à Justiça...*, p. 174-175.

[409] MOORE, Christopher W. – *O processo de mediação: estratégias práticas para a resolução de conflitos.* 2.ª ed. Porto Alegre: Artmed, 1998. ISBN 9781118304303. p. 22.

[410] BLOCH, Roberto D.; IGLESIAS, Daniel O. – *Solución de controversias en el Mercosur.* Buenos Aires: Ad Hoc, 1995. ISBN 9789508940216. p. 52.

[411] DIEZ, Francisco; TAPIA, Gchi – *Herramientas para trabajar en mediación.* Buenos Aires: Paidós, 2010. ISBN 9501287092. p. 53.

essa transformação, as partes deverão olhar o conflito com empatia a fim de que aconteça o crescimento moral delas.

3.3. PRINCÍPIOS

Os princípios estabelecidos na Lei n.º 29/2013, de 19 de Abril, possuem aplicação universal para qualquer procedimento de mediação utilizado em Portugal[412]. Nesse sentido regem os sistemas públicos de mediação especializada, que são familiar, laboral e penal, bem como os Julgados de Paz. Alexandre Miguel Mestre destaca que incidirá também "[...] em outros serviços de mediação criados pelo Estado em diplomas avulsos"[413], como o caso da desportiva utilizada no Tribunal Arbitral do Desporto e da administrativa nos conflitos ambientais[414].

Dulce Lopes e Afonso Patrão, Cátia Marques Cebola, Suzana Figueiredo Bandeira, Patrícia da Guia Pereira e Maria José Capelo enaltecem que a doutrina portuguesa considera como características próprias da mediação os princípios da informalidade e da flexibilidade, que não estão expressos na Lei n.º 29/2013, de 19 de Abril.[415]

O Princípio da Voluntariedade, previsto de forma expressa na lei portuguesa, no seu artigo 4.º da Lei n.º 29/2013, de 19 de Abril, que estabelece que a realização do procedimento de mediação depende do consentimento das partes para a sua realização, entretanto a desistência das mesmas poderá ocorrer a qualquer momento. Além delas serem as responsáveis pela elaboração do acordo e na escolha do mediador,[416] tendo equivalência com a Diretiva n.º 2008/52/CE do Parlamento Europeu e do Conselho, de 21 de Maio de 2008[417].

---

412 Artigo 3º da Lei n.º 29/2013, de 19 de Abril. LEI n.º 29/2013. *Diário da República I Série...*, p. 2278-2284.

413 MESTRE, Alexandre Miguel – *Mediação: um 'parente pobre' no novo Tribunal Arbitral do Desporto?* Coimbra: Editora Almedina, 2015. ISBN 9789724062273. p. 65-99.

414 LOPES, Dulce; PATRÃO, Afonso – *Lei da Mediação Comentada...*, p. 29.

415 *Idem – Op. Cit.* p. 30.

416 Artigos 4.º, 12.º e 17º da Lei n.º 29/2013, de 19 de Abril. LEI n.º 29/2013. *Diário da República I Série...*, p. 2278-2284.

417 Artigo 3.º, alínea "a" da Diretiva do Parlamento Europeu e do Conselho, de 21 de Maio de 2008. DIRETIVA 2008/52/CE do Parlamento Europeu e do Conselho. *Jornal Oficial da*

Em Portugal não há a mediação obrigatória nos conflitos de consumo, que imponha ao consumidor em realizar uma sessão de pré-mediação ou de mediação antes do Judiciário[418], sendo que isso não se refere à obrigatoriedade de entabular um acordo. Contudo, a Lei n.º 23/96, de 26 de Julho, denominada Lei do Serviço Público, estabelece que o prestador de serviços essenciais será obrigado a resolver o conflito pela via autocompositiva se esta for a escolha do utente, pessoa singular[419]. Para Pedro Costa Gonçalves, "[...] estamos perante uma figura híbrida, que conjuga elementos da arbitragem voluntária (quanto ao consumidor) e da arbitragem necessária (quanto ao profissional)"[420]. Importante haver este destaque, pois esta lei ampliou o conceito de consumidor, ao incluir a pessoa coletiva, o que não ocorreu na definição estabelecida pela Lei de Defesa do Consumidor. Logo, o legislador considerou a necessidade e a indispensabilidade dos serviços considerados essenciais, como água, energia elétrica, gás natural e derivados do petróleo, eletrônicos, postais, gestão dos resíduos sólidos urbanos e transporte de passageiros[421], que necessitam de uma resolução rápida, eficaz e adequada, sendo por isso que optou pelos Centros de Arbitragem de Conflitos de Consumo, conforme aponta Cátia Marques Cebola, cujos "[...] dados estatísticos revelam que mais da metade dos processos resolvidos nos centros de arbitragem de conflitos de consumo findam por acordo obtido em sede de mediação e conciliação"[422].

Esses Centros de Arbitragem de Conflitos de Consumo possuem regulamentos próprios que definem a respectiva competência em razão dos valores, porém, como verificará no próximo tópico, não há uma regulamentação harmônica entre os centros e, por isso, esses valores serão

União Europeia..., p. 6.

[418] LOPES, Dulce; PATRÃO, Afonso – *Lei da Mediação Comentada...*, p. 31.

[419] Artigo 15.º, item 1 da Lei n.º 23/1996, de 26 de Julho. LEI n.º 23/1996. *Diário da República I Série* [Em linha]. N.º 172 (26-07-1996). p. 2108-2109. [Consult. 19 Mar. 2021]. Disponível em https://data.dre.pt/eli/lei/23/1996/07/26/p/dre/pt/html.

[420] GONÇALVES, Pedro Costa – Arbitragem e Regulação (a arbitrabilidade dos conflitos regulatórios). *Revista Internacional de Arbitragem e Conciliação...*, p. 71.

[421] Esses são os serviços elencados no artigo 1º, item 2 da Lei n.º 23/1996, de 26 de Julho. LEI n.º 23/1996. *Diário da República I Série...*, p. 2108-2109.

[422] CEBOLA, Cátia Marques – Serviços Públicos Essenciais e Conflitos de Consumo: os tribunais arbitrais necessários. *Revista Luso-Brasileira de Direito do Consumo*. Curitiba: Editora Bonijuris. Vol. III, n.º 12 (Dez. 2013), p. 136.

variáveis, sendo atualmente fixados em €30 mil euros.[423] Portanto, caso o valor do conflito for superior a este patamar, o consumidor terá que recorrer a outro Centro de Arbitragem que contemple quantia superior ou ao Judiciário.

No tocante à mediação obrigatória, a Alemanha, Inglaterra, Itália e os Estados Unidos já possuem certa experiência[424]. Discute-se se esta exigência poderia caracterizar uma inconstitucionalidade ao colidir com o acesso ao direito e à tutela jurisdicional efetiva, consagrados na Constituição Portuguesa. Paula Costa e Silva explica que são "[...] admissíveis limitações a esse acesso se considerarem justificáveis e não implicarem uma desvantagem desproporcional para as partes"[425]. Nesse sentido, Mariana França Gouveia aponta que não é inconstitucional, desde que o devido processo legal seja respeitado[426], sendo este o sentido da decisão já pronunciada do Tribunal de Justiça da União Europeia (TJUE)[427].

Entretanto Jorge Morais Carvalho[428], Jaime Octávio Cardona Ferreira[429] e Mariana França Gouveia entendem que a mediação obrigatória em Portugal seria prejudicial, porque a mediação já foi implantada há mais de 10 anos e não se pode afirmar que foi uma vitória, assim, pode-se pensar na possibilidade da obrigatoriedade.[430]

No anteprojeto do Código de Proteção e Defesa do Consumidor presidido por António Pinto Monteiro, cogitaram em inserir a resolução extrajudicial prévia do conflito de forma obrigatória no artigo 535.º, itens 1 e 2, mas esta norma não foi aprovada. Sendo que para o próprio António Pinto

---

423 *CIAB* – Tribunal Arbitral de Consumo. Competência [Em linha]. [Consult. 19 Mar. 2021]. Disponível em https://www.ciab.pt/pt/competencias-ciab

424 JERÓNIMO, Maria Adelina Gonçalves – Reflexão sobre a Constitucionalidade da Mediação Pré-Processual Obrigatória. *Revista Electrónica de Direito* [Em linha]. N.º 2, Vol. 16 (2018), p. 118-120. [Consult. 29 Set. 2020]. Disponível em https://cije.up.pt//client/files/0000000001/6_588.pdf.

425 SILVA, Paula Costa e – *A nova face da justiça...*, p. 71.

426 GOUVEIA, Mariana França – *Curso de Resolução...*, p. 69.

427 CARVALHO, Jorge Morais; PINTO-FERREIRA, João Pedro; CARVALHO, Joana Campos – *Manual de Resolução...*, p. 108.

428 CARVALHO, Jorge Morais – A Consagração Legal da Mediação em Portugal. *Revista Julgar...*, p. 280.

429 FERREIRA, Jaime Octávio Cardona – *Julgados de Paz*. 2.ª ed. Coimbra: editora Coimbra, 2011. ISBN 978-972-40-8093-2. p. 135.

430 Gouveia, Mariana França – *Curso de Resolução...*, p. 71.

Monteiro, José de Oliveira Ascensão e António Menezes Cordeiro[431], esta obrigatoriedade poderia ter sido uma "[...] oportunidade para os cidadãos e juristas aprofundarem o conhecimento sobre a matéria"[432].

Tanto na Lei de Mediação de Portugal como na do Brasil há a previsão expressa do Princípio da Confidencialidade, essencial no procedimento em razão do sigilo das informações. Nesse sentido, em Portugal, no protocolo de mediação já estabelece a obediência a este princípio.[433] Já no Brasil, o mediador esclarece às partes e demais participantes a respeito das regras da confidencialidade[434], inclusive o julgador. Isso inclui as "[...] declarações, correspondências, manifestações, reconhecimentos e provas produzidas no procedimento de mediação"[435], que são consideradas provas inválidas. Sendo que o Princípio do Sigilo está presente na medição judicial e privada, uma vez que as partes devem ser sinceras e acessíveis na fase da negociação e discussão para que alcancem a autocomposição. Nesse contexto, o sigilo é fundamental a fim de que os envolvidos tenham segurança e confiança no procedimento da mediação, sabendo que o que foi dito e os documentos revelados na sessão não serão empregados em uma ação judicial.[436]

O Princípio da Confidencialidade confere sigilo ao processo de mediação. Jaime Octávio Cardona Ferreira afirma que "[...] as partes falem à vontade, com tranquilidade e sem medo de desagradar ao mediador"[437]. Assim, tanto para as partes como para o mediador não poderão testemunhar sobre as informações dadas nas sessões de mediação. Guilherme Rizzo Amaral esclarece que este respeito ao sigilo é para "[...] estabelecer a incomunicabilidade entre

---

[431] CARVALHO, Jorge Morais; PINTO-FERREIRA, João Pedro; CARVALHO, Joana Campos - *Manual de Resolução...*, p. 107.

[432] MONTEIRO, António Pinto - O Anteprojecto do Código do Consumidor. *Revista de Legislação e de Jurisprudência*. ISSN 0870-8487. Ano 135, n.º 3937 (Mar. 2006), p. 192.

[433] Artigos 13.º e 16.º da Lei n.º 29/2013, de 19 de Abril. LEI n.º 29/2013. *Diário da República I Série...*, p. 2278-2284.

[434] Artigos 14 e 30 da Lei n.º 13.140/2015, de 26 de Junho. ANGHER, Anne Joyce [Org.] - *Vade Mecum*. Vol. 2..., p. 770-771.

[435] Artigo 30, §1º da Lei n.º 13.140/2015, de 26 de Junho. *Idem* - *Op. Cit.* p. 771.

[436] Ideia de Antonio do Passo Cabral e Leonardo Carneiro da Cunha. CABRAL, Antonio do Passo; CUNHA, Leonardo Carneiro da - Negociação direta ou resolução colaborativa de disputas (*collaborative law*): "mediação sem mediador". *Revista de Processo...*, p. 471-489.

[437] FERREIRA, Jaime Octávio Cardona. *Julgados de paz - organização, competência e funcionamento*. Coimbra: Editora Coimbra, 2001. ISBN 978-972-40-8093-2. p. 70.

os procedimentos de mediação e o processo contencioso"[438], caso não ocorra a autocomposição entre os envolvidos. Mariana França Gouveia ressalta a importância deste princípio para dar credibilidade ao processo de mediação.[439] Entretanto, Henry J. Brown e Arthur L. Marriot entendem que há a possibilidade das partes renunciarem essa confidencialidade, pois compete ao mediador o sigilo profissional[440], que transmite confiança aos envolvidos.

Em Portugal, a própria Lei de Mediação estabelece as exceções por não considerar como absoluto este princípio nos casos adstritos à ordem pública, ao interesse da criança, a proteção da integridade física e psíquica de uma pessoa e o cumprimento do próprio acordo, caso contrário não poderá ser levado ao Judiciário e nem para a arbitragem.[441] Já no Brasil, a Lei de Mediação inclui a confidencialidade para os prepostos das partes, assessores técnicos e pessoas que participarem das sessões de mediação, sendo que a exceção refere-se ao conhecimento de um crime de ação penal pública.[442]

Em relação à ordem pública, importante destacar a definição dada por António Pedro Pinto Monteiro, sendo uma "[...] cláusula geral, indefinível conceitualmente, um conceito necessariamente em branco, sensível ao sistema jurídico em que se encontra inserido e volátil, modificando-se em função dos contextos histórico, político, social, geográfico e económico"[443]. Mesmo citada no Código Civil Português, não há definição no ordenamento jurídico[444], e isso resulta na ampliação das exceções elencadas na lei portuguesa em função da ausência dessa definição, o que contribui que essa indeterminação seja

---

438 AMARAL, Guilherme Rizzo – *Comentários às alterações do novo CPC*. São Paulo: Thompson Reuters, 2015. ISBN 8520368425. p. 112.

439 Gouveia, Mariana França – *Curso de Resolução...*, p. 98.

440 BROWN, Henry J.; MARRIOT, Arthur L. – ADR *Principles and Practice*. Londres: Sweet & Maxwell, 2012. ISBN 9780421579606. p. 131.

441 Artigo 5.º da Lei n.º 29/2013, de 19 de Abril. LEI n.º 29/2013. *Diário da República I Série...*, p. 2278-2284.

442 Artigo 30, *caput* e §3º da Lei n.º 13.140/2013, de 26 de Junho. ANGHER, Anne Joyce [Org.] – *Vade Mecum*. Vol. 2..., p. 770.

443 MONTEIRO, António Pedro Pinto – Da Ordem Pública no Processo Arbitral. In *Estudos em Homenagem ao Prof. Doutor José Lebre de Freitas*. Coimbra: Editora Coimbra, 2013. ISBN 0000-0001-8743-1011. p. 670.

444 Artigos 22.º, item 1 e 81.º, item 1 do Decreto-Lei n.º 47.344/1966, de 25 de Novembro. LEI n.º 47.344/1966. *Diário da República I* [Em linha]. N.º 274 (25-11-1966). p. 1883-2086.

ainda maior, por ser um "[...] conceito polissémico"[445]. Além de provocar certa insegurança jurídica ao Princípio da Confidencialidade, porque as exceções deveriam ser taxativas e, em virtude da ausência de significado dado à ordem pública, o sigilo poderá ser desconsiderado.

O Princípio da Celeridade evidencia a diferença que há no procedimento da RALC com o judicial, sendo o fator tempo significativo. Nesse sentido, em Portugal, a Lei n.º 29/2013, de 19 de Abril estabelece o prazo máximo da mediação que foi regulamentado pela Lei n.º 144/2015, de 8 de Setembro, de 90 dias a contar do recebimento completo do processo de reclamação com duas prorrogações no mesmo período, em decorrência da complicação do caso.[446] Houve um estudo sobre o uso alternativo de resolução de conflito na UE (*alternative dispute in the european union*) que constatou que "[...] 45,7% dos procedimentos de RALC tinham uma duração média entre 31 e 90 dias".[447] No Brasil, se o contrato não dispuser a respeito, o prazo mínimo da mediação extrajudicial será de 10 dias úteis e o máximo de 3 meses a contar do recebimento do convite para este procedimento.[448]

Mariana França Gouveia[449] e Jorge Morais Carvalho[450] destacam como implícito o Princípio dos plenos Poderes das Partes (*empowerment*) na mediação. No Brasil, a Resolução n.º 125/2010 do CNJ, de 29 de Novembro, estabelece o Princípio do Empoderamento como fundamental na atuação do mediador para "[...] estimular os interessados a aprenderem a melhor resolverem seus conflitos futuros em função da experiência de justiça vivenciada na autocomposição"[451], entretanto não consta na Lei de Mediação.

---

[445] ASCENSÃO, José de Oliveira – *Direito Civil: Teoria Geral*. Vol. II. 2.ª ed. Coimbra: Editora Coimbra, 2003. ISBN 9789723211528. p. 319.

[446] Artigo 10.º, itens 5 e 6 da Lei n.º 144/2015, de 8 de Setembro. LEI n.º 144/2015. *Diário da República I Série...*, p. 7251-7258.

[447] CARVALHO, Jorge Morais; PINTO-FERREIRA, João Pedro; CARVALHO, Joana Campos – *Manual de Resolução...*, p. 129.

[448] Artigos 22, §2º, I da Lei n.º 13.140/2015, 26 de Junho. ANGHER, Anne Joyce [Org.] – *Vade Mecum*. Vol. 2..., p. 770.

[449] GOUVEIA, Mariana França – *Curso de Resolução Alternativa...*, p. 48.

[450] CARVALHO, Jorge Morais – A Consagração Legal da Mediação em Portugal. *Revista Julgar...*, p.278.

[451] Artigo 1º, inciso VII da Resolução n.º 125/2010, de 29 de Novembro. RESOLUÇÃO n.º 125/2010. *Conselho Nacional de Justiça...*, p. 2.

O Princípio da Imparcialidade está presente na legislação de Portugal e do Brasil, pois aborda a atuação do mediador. Dulce Lopes e Afonso Patrão explicam que "o mediador não pode aliar-se a uma das partes ou tomar um partido [...] não pode defender, representar ou aconselhar nenhuma das partes, deve ocultar as suas opiniões e emoções"[452].

Já o Princípio da Igualdade assim intitulado na lei portuguesa e na lei brasileira como Princípio da Isonomia entre as Partes refere-se ao direito que as partes possuem em relação às informações sobre o procedimento da mediação, às manifestações de opiniões, ao assessoramento de um advogado e ao término da mediação pelo mediador em função da desigualdade que há entre os envolvidos[453], pois possui como função neutralizar ou diminuir as desigualdades entre as partes para proporcionar a igualdade substancial visando o reequilíbrio no procedimento de mediação[454]. Em relação a esse princípio, Ruben Bahamonde ressalta que "[...] a aplicação deste princípio exige o respeito ao Princípio *Audi Alteram Partem*[455], que, embora não especificamente consagrado no diploma, é uma consequência obrigatória de assegurar igualdade de tratamento"[456]. António Pedro Pinto Monteiro ressalta a relevância do "[...] processo equitativo [...] trata-se de uma exigência elementar na administração da justiça e, consequentemente, de qualquer meio de resolução de litígios que se pretenda afirmar como tal"[457].

Importante destacar a análise da vulnerabilidade do consumidor com o Princípio da Igualdade, sendo que a Lei de Defesa do Consumidor de Portugal[458]

---

452 LOPES, Dulce; PATRÃO, Afonso – *Lei da Mediação Comentada...*, p. 55.

453 CEBOLA, Cátia Marques – *La Mediación...*, p. 190.

454 CABRAL, Trícia Navarro Xavier; CURY, Cesar Felipe [Org.] – *Lei de Mediação comentada artigo por artigo: dedicado à memória da Prof.ª Ada Pellegrini Grinover*. São Paulo: Editora Foco, 2018. ISBN 9788582423158. p. 11.

455 Princípio de deixar a outra parte ser ouvida bem. No Brasil corresponde ao Princípio do Contraditório e da Ampla Defesa.

456 BAHAMONDE, Ruben – Os Princípios Estruturantes da Mediação em Portugal. *Galileu – Revista de Direito e Economia...*, p. 152.

457 MONTEIRO, António Pedro Pinto – *O Princípio da Igualdade e a Pluralidade de Partes na Arbitragem: os Problemas na Constituição do Tribunal Arbitral*. Coimbra: Editora Almedina, 2017. 425 f. Tese de Doutoramento na especialidade de Direito Processual. p. 98.

458 Artigo 14.º, item 4 da Lei n.º 24/1996, de 31 de Julho. LEI n.º 24/1996. *Diário da República I Série...*, p. 2184-2189.

e o Código de Proteção e Defesa do Consumidor do Brasil[459] estabelecem de forma expressa certo tratamento diferenciado ao consumidor com baixa condição económica. Tanto que houve uma recente alteração na lei brasileira[460] sobre a proteção do vulnerável em relação ao superendividamento, sendo vedada tal conduta. A Lei n.º 144/2015, de 8 de Setembro também determina a disponibilidade do procedimento da RALC a todos os consumidores, estando dispensado o pagamento de qualquer taxa antes do processo de mediação ou de arbitragem[461]. Rui Barbosa corrobora com tal posicionamento, já que "a regra da igualdade não consiste senão em quinhoar desigualmente aos desiguais, na medida em que se desigualam. Nesta desigualdade social, proporcionada à desigualdade natural, é que se acha a verdadeira lei da igualdade"[462]. Assim para Aristóteles, "se as pessoas não são iguais, não receberão coisas iguais; mas isso é origem de disputa e queixas, como quando iguais recebem partes desiguais, ou quando desiguais recebem partes desiguais"[463]. Maria Christina Barreiros D'Oliveira acrescenta que "[...] os ideais de justiça somente serão alcançados em sua plenitude se tratarmos os individuais iguais, igualmente, na medida da desigualdade de cada um"[464].

O Princípio da Independência presente na lei portuguesa e brasileira[465] é explicado por Dulce Lopes e Afonso Patrão no viés do mediador que deverá exercer o seu trabalho com liberdade, sendo um "[...] exercício livre e descomprometido da função [...] insubordinação do mediador a quaisquer outras entidades, públicas ou privadas [...] a sua emancipação face a interesses

---

459 Artigo 4.º, inciso I da Lei n.º 8.078/1990, de 11 de Setembro. ANGHER, Anne Joyce [Org.] – *Vade Mecum*. Vol. 1..., p. 648.

460 Acréscimo estabelecido pela Lei n.º 14.181/2021, de 1º de Julho. Artigo 54-C, inciso IV da Lei n.º 8.078/1990, de 11 de Setembro. ANGHER, Anne Joyce [Org.] – *Vade Mecum*. Vol. 1..., p. 655.

461 Artigo 10.º, item 3 da Lei n.º 144/2015, de 8 de Setembro. LEI n.º 144/2015. *Diário da República I Série...*, p. 7251-7258.

462 BARBOSA, Rui – *Oração aos Moços*. 5.ª ed. Rio de Janeiro: Edições Casa Rui Barbosa, 1999. ISBN 9788552800583. p. 26.

463 ARISTÓTELES – *Ética a Nicômaco*. 6.ª ed. São Paulo: Martin Claret, 2013. ISBN 9788572324304. p. 99.

464 D'OLIVEIRA, Maria Christina Barreiros – Breve Análise do Princípio da Isonomia. *Revista Processus de Estudos de Gestão, Jurídicos e Financeiros*. Brasília: Instituto Processus de Cultura e Aperfeiçoamento Jurídico. ISSN 2178-2008. Ano 1, vol. I, n.º 1 (Mar. 2010), p. 5.

465 Artigo 1º, inciso V do Anexo III da Resolução n.º 125/2010, de 29 de Novembro. RESOLUÇÃO n.º 125/2010. *Conselho Nacional de Justiça...*, p. 9.

próprios ou de terceiro, valores pessoais ou influências externas"[466]. Sendo para Pedro Morais Martins "[...] impossível de alcançar em absoluto: o mediador é uma pessoa que pautará a sua conduta pelos valores, não sendo possível ou sequer desejável 'robotizar' o mediador"[467].

Nesse sentido, a lei brasileira estabelece que o mediador deve exercer sua função com independência, "[...] sem submissão hierárquica a algum órgão ou autoridade"[468], e assim respeitando a autonomia das vontades das partes na mediação[469]. Permitido ainda ao mediador "[...] recusar, suspender ou interromper a sessão se ausentes as condições necessárias para seu bom desenvolvimento, tampouco havendo dever de redigir acordo ilegal ou inexequível"[470], conforme os ditames do Anexo III da Resolução n.º 125/2010 do CNJ, de 29 de Novembro.

O Princípio da Competência e da Responsabilidade está previsto apenas na lei portuguesa. Trata da função do mediador, que deverá possuir certas capacidades específicas para o exercício da sua atividade, porém, caso haja qualquer violação dos deveres pertinentes à função que ocupa, resultará na própria responsabilidade civil e penal.[471] Entretanto, Mariana França Gouveia considera a formação especializada do mediador como um requisito obrigatório para a profissão regulamentada[472]. Porém Dulce Lopes e Afonso Patrão entendem que o legislador inseriu como possibilidade, cuja única diferença será no acordo celebrado pelo mediador constante na lista de mediadores do Ministério da Justiça, com aprovação no curso de formação especializada, que terá força executiva, sem necessidade de homologação judicial[473].

---

466 LOPES, Dulce; PATRÃO, Afonso – *Lei da Mediação Comentada...*, p. 58.

467 MARTINS, Pedro Morais – *Meios Alternativos de Resolução de Litígios*. Lisboa: Ministérios da Justiça, 2004. p. 133.

468 CABRAL, Trícia Navarro Xavier; CURY, Cesar Felipe [Org.] – *Lei de Mediação...*, p. 9.

469 Artigo 166 da Lei n.º 13.105/2015, de 16 de Março. ANGHER, Anne Joyce [Org.] – *Vade Mecum*. Vol. 1..., p. 303.

470 Artigo 1º, inciso V do Anexo III da Resolução n.º 125/2010, de 29 de Novembro. RESOLUÇÃO n.º 125/2010. *Conselho Nacional de Justiça...*, p. 9.

471 LOPES, Dulce; PATRÃO, Afonso – *Lei da Mediação Comentada...*, p. 61.

472 GOUVEIA, Mariana França – *Curso de Resolução Alternativa de Litígios*. 3.ª ed. Coimbra: Editora Almedina, 2019. ISBN 978-972-40-5570-1. p. 57.

473 LOPES, Dulce; PATRÃO, Afonso – *Lei da Mediação Comentada...*, p. 62.

O Princípio da Executoriedade previsto apenas na lei portuguesa estabelece força executiva sem homologação judicial aos acordos celebrados em conformidade com os requisitos estipulados na Lei n.º 29/2013, de 19 de Abril. Nesse sentido o objeto da mediação deverá ser de natureza patrimonial ou sobre direito indisponível que admita transação, com a presença de partes capazes e que o acordo seja reduzido a escrito[474], sem violação da ordem pública, além do mediador estar inserido na lista de mediadores organizada pelo Ministério da Justiça para as mediações privadas, que é um requisito dispensável para o sistema público de medição[475]. Há também força executiva os acordos celebrados nos procedimentos de mediação ocorridos nos outros Estados-Membros da UE, desde que não violem a ordem pública, não precisem de homologação judicial e possam ser objeto de mediação nos moldes da lei portuguesa[476].

Para Dulce Lopes e Afonso Patrão, o Princípio da Executoriedade "[...] torna a mediação uma alternativa à via judicial e a sua afirmação constituir um ponto de promoção"[477] e ainda "[...] estabelecendo-se uma confiança mútua nos acordos alcançados"[478] nos outros Estados-Membros da UE. Lado outro, eles explicam a necessidade da homologação judicial no acordo que "[...] não tenha sido concluído por mediador incluído naquela lista ou [...] não obedeça estritamente ao modelo previsto na Lei n.º 29/2013, a única via à disposição das partes para lhe conferir força executiva"[479].

O Princípio da Oralidade presente apenas na legislação brasileira destaca a prevalência das manifestações orais em relação aos atos escritos, principalmente em razão das partes terem a oportunidade de falar nas sessões, que poderão ser separadas ou em conjunto, e assim, após cada explanação, o mediador poderá realizar a tentativa de autocomposição entre elas[480]. Sendo que a produção de provas também será realizada de forma oral, que é uma das características marcantes do procedimento da mediação.

---

474 Artigo 20.º da Lei n.º 29/2013, de 19 de Abril. LEI n.º 29/2013. *Diário da República I Série...*, p. 2278-2284.

475 Artigo 9.º da Lei n.º 29/2013, de 19 de Abril. *Idem – Ibidem.*

476 Artigo 9.º, item 4 da Lei n.º 29/2013, de 19 de Abril. *Idem – Ibidem.*

477 LOPES, Dulce; PATRÃO, Afonso – *Lei da Mediação Comentada...*, p. 68.

478 *Idem – Op. Cit.* p. 71.

479 *Idem – Op. Cit.* p. 112.

480 Artigo 19 da Lei n.º 13.140/2015, de 26 de Junho. ANGHER, Anne Joyce [Org.] – *Vade Mecum.* Vol. 2..., p. 770.

Outro princípio exclusivo da legislação brasileira é o da Informalidade, cuja ênfase está na simplicidade. Nesse sentido, nas sessões de mediação, o mediador deverá utilizar uma linguagem simples, compreensível, além de transmitir confiança para as partes, que assim poderão falar livremente sobre suas questões relativas à demanda, sem haver constrangimento ou desconforto.

Já o Princípio da Autonomia da Vontade das Partes refere-se que as mesmas não são obrigadas a aceitarem o procedimento de mediação brasileira e nem as propostas realizadas pelo mediador. Isso evidencia a liberdade que as partes possuem na mediação para que consigam chegar a um consenso.[481] Mesmo se houver um contrato que tenha a cláusula de mediação por ser vinculante, as partes são obrigadas a comparecerem na primeira reunião, mas poderão manifestar que não querem continuar neste procedimento[482], sendo por isso que a lei brasileira deixa expresso que as próximas sessões só poderão ser marcadas com a concordância dos interessados[483]. Há ainda a possibilidade das partes acordarem em suspender o processo judicial ou arbitral em curso para tentarem a autocomposição pelo procedimento da mediação[484].

O Princípio da Busca do Consenso é a finalidade essencial do procedimento de mediação no Brasil, como também em Portugal, mesmo sem estar expresso na legislação portuguesa. Nesse sentido, compete ao mediador ser o intermediador entre as partes para que elas próprias consigam alcançar a autocomposição e que será a melhor solução para o conflito existente.[485]

Por fim, o Princípio da Boa-Fé, denominado por António Manuel da Rocha e Menezes Cordeiro como Boa-Fé Objetiva ou Boa-Fé Lealdade[486], que versa sobre o comportamento das partes, bem como de todos os participantes no procedimento de mediação no Brasil. Nessa lógica, todos deverão agir com fulcro na ética, na transparência e na coerência para que haja confiança mútua, e só assim haverá a concretização do consenso entre os envolvidos.

---

481 Artigo 2º, § 2º da Lei n.º 13.140/2015, de 26 de Junho. *Idem – Op. Cit.* p. 769.

482 Artigo 2º, §§ 1º e 2º da Lei n.º 13.140/2015, de 26 de Junho. *Idem – Ibidem.*

483 Artigo 18 da Lei n.º 13.140/2015, de 26 de Junho. *Idem. Op. Cit.* p. 770.

484 Artigo 16 da Lei n.º 13.140/2015, 26 de Junho. *Idem – Ibidem.*

485 Artigos 4º, § 1º e 20, *caput* da Lei n.º 13.140/2015, de 26 de Junho. *Idem – Op. Cit.* p. 769-770.

486 CORDEIRO, António Manuel da Rocha e Menezes – *Da boa fé no Direito Civil.* Coimbra: Editora Almedina, 2001. ISBN 9789724010113. p. 260.

Há ainda de forma implícita na lei brasileira, o Princípio da Decisão Informada[487][488], que estabelece sobre o conhecimento das partes sobre os seus direitos e da realidade fática no procedimento da mediação, pois nessa lógica será legítima a renúncia ao próprio direito.[489] Tendo ainda o Princípio da Observância da Cláusula de Mediação[490], que estabelece a obrigatoriedade das partes comparecerem na primeira reunião em função da força vinculante que há no contrato celebrado, entretanto, poderão optar em não continuar em tal método de RAL, por respeito ao Princípio da Autonomia da Vontade.

Entretanto, no Brasil, o CPC apresenta algumas divergências em relação à Lei de Mediação sobre os princípios que regem este método alternativo de resolução de litígios. Assim, na seção exclusiva do código para os conciliadores e mediadores judiciais, o Princípio da Independência e da Decisão Informada estão previstos apenas no CPC, entretanto, este último princípio é considerado presente implicitamente no procedimento brasileiro pela doutrina.[491] Já o Princípio da Autonomia da Vontade, da Oralidade, da Confidencialidade, da Imparcialidade e da Informalidade coadunam com a lei que rege a mediação, porém, importante ressaltar que a Lei de Mediação, por ser uma lei especial e com vigência posterior ao código, derrogou-o nas questões tratadas de forma diversa.[492]

3.4. AGÊNCIAS

Em Portugal, o sistema de resolução alternativa de litígios de consumo (RALC) é composto por várias entidades de natureza jurídica variada, que são os Centros de Informação Autárquicos ao Consumidor (CIAC); Centros de Arbitragem; Entidades Reguladoras; Associações de Profissionais e de Consumidores; Julgado de Paz, apesar deste não possuir competência

---

[487] Artigo 166 da Lei n.º 13.105/2015. ANGHER, Anne Joyce [Org.] – *Vade Mecum*. Vol. 1..., p. 300.

[488] Artigo 1º, inciso III do Anexo III da Resolução n.º 125/2010, de 29 de Novembro, do CNJ. RESOLUÇÃO N.º 125/2010. *Conselho Nacional de Justiça*..., p. 3.

[489] AZEVEDO, André Gomma de [Org.] – *Manual de Mediação Judicial*..., p. 264.

[490] Artigo 2º, §§ 1º e 2º da Lei n.º 13.140/2015, de 26 de Junho. ANGHER, Anne Joyce [Org.] – *Vade Mecum*. Vol. 1..., p. 769.

[491] Artigo 166 da Lei n.º 13.105/2015, de 16 de Março. *Idem* – *Op. Cit.* p. 303.

[492] AZEVEDO, André Gomma de [Org.] – *Manual de Mediação Judicial*..., p. 261.

específica para as soluções dos conflitos nesta seara[493]; Associação de Defesa do Consumidor na Ordem dos Advogados[494] e Centro Europeu do Consumidor[495].

A Rede de Apoio ao Consumidor Endividado não integra esse sistema de RALC, porque a sua finalidade é informar e aconselhar os clientes bancários, sem utilizar a mediação ou qualquer outro método alternativo.[496] A Unidade de Mediação e Acompanhamento de Conflitos de Consumo (UMAC) solucionava os conflitos de consumo residualmente, no período de 2001 a 2009, até a criação do Centro Nacional de Informação e Arbitragem de Conflitos de Consumo (CNIACC), que é sua ampliação e evolução. No CNIACC utiliza-se a mediação, a conciliação e a arbitragem.[497]

A Lei de Defesa do Consumidor estabelece a criação de serviços municipais pelo Estado, Regiões Autónomas e autarquias locais com a finalidade de prestarem informações aos consumidores[498], sendo que em 2019 totalizavam 116[499] em vários municípios de Portugal, inclusas as Regiões Autónomas dos Açores e de Madeira com diferentes denominações[500]. Assim, esses CIAC empregam a mediação nos pequenos litígios entre o consumidor e o vendedor[501].

---

[493] CARVALHO, Jorge Morais – As Entidades de Resolução Alternativa de Litígios de Consumo. *Themis*. Coimbra: Editora Almedina. ISSN 2182-9438. N.º 6 (Outubro 2018), p. 427-428.

[494] Associação de Defesa do Consumidor, Gabinetes de Consultoria Jurídica Gratuitos da Ordem dos Advogados, Direção-Geral do Consumidor. Lista elencada sobre informações aos direitos do consumidor no portal de serviços públicos (www.eportugal.gov.pt)

[495] CENTRO Europeu do Consumidor ECC-Net. *Resolução de Litígios em Linha (RLL)* [Em linha]. [Consult. 02 Jun. 2020]. Disponível em https://cec.consumidor.pt/topicos1/resolucao-de-conflitos-/resolucao-de-litigios-em-linha.aspx.

[496] CARVALHO, Jorge Morais – As Entidades de Resolução Alternativa de Litígios de Consumo. *Themis...*, p. 428.

[497] *Idem – Op. Cit.* p. 429.

[498] Artigo 7º, item 1, letra "a" da Lei n.º 24/1996, de 31 de Julho, alterada pela Lei n.º 63/2019, de 16 de Agosto. LEI n.º 24/1996. *Diário da República I Série...*, p. 2184-2189.

[499] DIRECÇÃO-GERAL do Consumidor. *CIAC – Centro de Informação Autárquico ao Consumidor.* [Consult. 17 Fev. 2021]. Disponível em https://www.consumidor.gov.pt/parceiros/sistema-de-defesa-do-consumidor/ciac/ciac-lista-e-mapa-de-localizacao.aspx.

[500] CARVALHO, Jorge Morais – As Entidades de Resolução Alternativa de Litígios de Consumo. *Themis...*, p. 430.

[501] PEDROSO, João; CRUZ, Cristina – *A Arbitragem Institucional: Um Novo Modelo de Administração da Justiça – O Caso dos Conflitos de Consumo.* Coimbra: Centro de Estudos Sociais da Faculdade de Economia da Universidade de Coimbra, 2000. ISBN 9724019799. p. 143.

A Lei n.º 144/2015, de 8 de Setembro, trata dos princípios e das regras que devem ser observados pelas entidades de RALC, entretanto alguns CIAC não foram inclusos na lista das entidades de RALC por causa da desconformidade com os ditames estabelecidos nesta lei, que na visão de Jorge Morais Carvalho foi em função da falta de transparência, informação e qualificação dos colaboradores.[502]

Os Centros de Arbitragem também solucionam os conflitos de consumo pela informação, conciliação, mediação e arbitragem, nos ditames do artigo 14.º, item 1 da Lei n.º 24/1996, de 31 de Julho[503] e do artigo 4º, item 1 da Lei n.º 144/2015, de 8 de Setembro[504], sendo a maioria de natureza privada. O primeiro foi o Centro de Arbitragem de Conflitos de Consumo de Lisboa (CACCL) criado em 1989, que está em funcionamento[505], resultado da Comunicação da Comissão de 1985, que tratou sobre o Acesso dos Consumidores à Justiça e, em 1993, passou a ser independente[506]. Desde que o Centro de Arbitragem satisfaça os requisitos obrigatórios elencados na Lei n.º 144/2015, de 8 de Setembro[507], integrará a lista de entidades de RAL[508] para solucionar conflitos de consumo nacionais e transfronteiriços.

Jorge Morais Carvalho, João Pedro Pinto-Ferreira e Joana Campos Carvalho apontam que a Lei n.º 144/2015, de 8 de Setembro é uma norma especial em relação à Lei n.º 29/2013, de 19 de Abril, e por isso em caso de

[502] Essa desconformidade refere-se à falta de transparência, informação e qualificação dos colaboradores. CARVALHO, Jorge Morais – As Entidades de Resolução Alternativa de Litígios de Consumo. *Themis...*, p. 430-431.

[503] LEI n.º 24/1996. *Diário da República I Série...*, p. 2184-2189.

[504] LEI n.º 144/2015. *Diário da República I Série...*, p. 7251-7258.

[505] CARVALHO, Jorge Morais – As Entidades de Resolução Alternativa de Litígios de Consumo. *Themis...*, p. 431.

[506] CEBOLA, Cátia Marques – Mediação e Arbitragem de Conflitos de Consumo: Panorama português. *Revista Portuguesa de Direito do Consumo – RPDC...*, p. 28.

[507] Artigo 6.º, item 2 da Lei n.º 144/2015, de 8 de Setembro. LEI n.º 144/2015. *Diário da República I Série...*, p. 7251-7258.

[508] Artigo 17.º da Lei n.º 144/2015, de 8 de Setembro. Hoje há 36 entidades na lista dos Centros de Arbitragens Autorizados. DIREÇÃO-GERAL da Política de Justiça. *Centros de Arbitragem Autorizados.* [Consult. 21 Jun. 2020]. Disponível em https://dgpj.justica.gov.pt/Resolucao-de-Litigios/Arbitragem/Centros-de-Arbitragem-autorizados.

lacuna na lei especial aplica-se a lei geral, que é a lei que trata da mediação em Portugal.[509]

Cátia Marques Cebola pondera que a Lei n.º 144/2015, de 8 de Setembro, "[...] padece de uma reforma transfigurante"[510] por não ter adentrado em determinados assuntos, sendo semelhante à Diretiva n.º 2013/11/UE do Parlamento Europeu e do Conselho, de 21 de Maio e do revogado Decreto-Lei n.º 146/1999, de 4 de Maio. Assim, considera como inovação a obrigatoriedade da lista de entidade juntamente com o seu descumprimento e, diante do exposto, acredita que não ultrapassará os "[...] velhos dilemas e obstáculos à resolução extrajudicial de conflitos de consumo"[511].

Mário Frota destaca a publicação feita em comemoração aos 26 anos do Centro de Arbitragem de Conflitos de Consumo de Lisboa (CACCL), que tornou-se referência nacional e externa em função das conquistas realizadas. Em 2015 houve 3.515 casos, 2.633 informações e 919 soluções prestadas, 626 pela mediação e 293 por sentença arbitral, com a adesão de 21.865 empresas.[512]

Esses Centros de Arbitragem são regidos pela Lei n.º 144/2015, de 8 de Setembro, responsável pela criação da Rede de Arbitragem de Consumo (RAC), que os integram para uniformizar os procedimentos adotados[513], sendo que essa RAC possui o acompanhamento da Direção-Geral do Consumidor (DGC) e da Direção-Geral da Política de Justiça adstritos à competência estabelecida por esta lei, embasada na recente alteração dada pela Lei n.º 14/2019, de 12 de Fevereiro[514].

Antes dessa RAC, a Rede Nacional de Centros de Arbitragem Institucionalizada (RNCAI) que integrava os Centros de Arbitragem de Consumo, nos termos do artigo 2.º do revogado Decreto-Lei n.º 60/2011, de 6 de

[509] CARVALHO, Jorge Morais; PINTO-FERREIRA, João Pedro; CARVALHO, Joana Campos – *Manual de Resolução...*, p. 152.

[510] CEBOLA, Cátia Marques – ADR 3.0 @ Resolução *Online* de Conflitos de Consumo em Portugal. *Revista Luso-Brasileira de Direito de Consumo...*, p. 84-85.

[511] *Idem – Ibidem.*

[512] FROTA, Mário – Os Mecanismos Alternativos de Resolução de Litígios de Consumo: imperativo europeu, seus reflexos em Portugal. *Revista Portuguesa de Direito do Consumo – RPDC...*, p. 72.

[513] Artigo 4.º, item 1 da Lei n.º 144/2015, de 8 de Setembro. LEI n.º 144/2015. *Diário da República I Série...*, p. 7251-7258.

[514] Artigo 4.º da Lei n.º 144/2015, de 8 de Setembro. *Idem – Ibidem.*

Maio[515]. Porém a RNCAI apresentava-se de forma genérica[516], sendo que a RAC é específica aos conflitos relativos ao direito do consumidor.

Mário Frota ressalta a necessidade de padronizar os procedimentos estabelecidos nos regulamentos próprios de cada Centro de Arbitragem. Indaga, ainda, a imprescindibilidade de uma norma que possa detalhar os aspectos peculiares existentes no procedimento da mediação, da conciliação e da arbitragem, principalmente para a aplicação desta para as questões inerentes ao direito de consumo.[517]

Os Centros de Arbitragem de competência genérica[518] abrangem:

> "o Centro de Arbitragem de Conflitos de Consumo do Distrito de Coimbra (CACCDC), o Centro de Arbitragem de Conflitos de Consumo da Região Autònoma da Madeira (CACCRAM), o Centro de Arbitragem de Conflitos de Consumo de Lisboa (CACCL), o Centro de Informação, Mediação e Arbitragem de Consumo (Tribunal Arbitral de Consumo) – CIAB, o Centro de Informação de Consumo e Arbitragem do Porto (CICAP), o Centro de Informação, Mediação e Arbitragem de Conflitos de Consumo do Algarve (CIMAAL), o Centro Nacional de Informação e Arbitragem de Conflitos de Consumo (CNIACC) e o Centro de Arbitragem de Conflitos de Consumo do Ave, Tâmega e Sousa (TRIAVE)".[519]

Já os Centros de Arbitragem de competência especializada são o "Centro de Arbitragem do Setor Automóvel (CASA) e o Centro de Informação, Mediação, Provedoria e Arbitragem de Seguros (CIMPAS)"[520]. Em relação aos

---

515 DECRETO-LEI n.º 60/2011. *Diário da República I Série* [Em linha]. N.º 88 (06-05-2011). p. 2584-2586. [Consult. 17 Jun. 2020]. Disponível em https://data.dre.pt/eli/dec-lei/60/2011/05/06/p/dre/pt/html.

516 CARVALHO, Jorge Morais – As Entidades de Resolução Alternativa de Litígios de Consumo. *Themis...*, p. 432.

517 FROTA, Mário – Os Mecanismos Alternativos de Resolução de Litígios de Consumo: imperativo europeu, seus reflexos em Portugal. *Revista Portuguesa de Direito do Consumo – RPDC...*, p. 92.

518 CARVALHO, Jorge Morais – As Entidades de Resolução Alternativa de Litígios de Consumo. *Themis...*, p. 434.

519 CARVALHO, Jorge Morais; PINTO-FERREIRA, João Pedro – Reflexão sobre a Arbitragem e a Mediação de Consumo na Lei de Defesa do Consumidor – A Lei n.º 63/2019, de 16 de Agosto. *Revista Internacional de Arbitragem e Conciliação...*, p. 17-18.

520 CARVALHO, Jorge Morais – As Entidades de Resolução Alternativa de Litígios de Consumo. *Themis...*, p. 433.

que possuem dupla competência, que é a genérica e nacional incluem todos os outros Centros de Arbitragem não supramencionados[521], sendo importante destacar que o Centro de Arbitragem da Universidade Autónoma de Lisboa (CAUAL) refere-se à única entidade de RALC com competência genérica nacional, mas não apenas nas questões de consumo[522], conforme Despacho n.º 8.294/97, de 29 de Setembro[523].

Jorge Morais Carvalho enfatiza que "se um centro der uma informação [...] fora do âmbito da sua competência [...] Do mesmo modo, um acordo obtido em mediação num centro incompetente [...] não perde a sua validade, podendo até constituir um título executivo".[524] Sendo claro que tal ato deverá atender aos requisitos mínimos exigidos na Lei de Mediação (Lei n.º 29/2013, de 19 de Abril), como o mediador ser inscrito na lista de mediadores de conflitos disponibilizada pelo Ministério da Justiça e que tal acordo não poderá ser homologado pelo Tribunal Arbitral por não ter a competência do Judiciário. Destaca ainda juntamente com João Pedro Pinto-Ferreira, que "[...] o consumidor poderá recorrer quer a um centro de arbitragem que integre a RAC quer a um centro de arbitragem que não a integre"[525].

Os Centros de Arbitragem possuem como regra geral a competência em função do valor do objeto descrito na reclamação, tendo ainda a competência territorial e em razão da matéria[526]. Em relação a esta última, cada entidade de RAL possui o seu regulamento e por isso poderão recusar conflitos se entenderem que não houve tentativa de negociação pelo consumidor; ou por ser uma questão supérflua, vexatória ou pendente em outra entidade; ou por já ter sido decidida; ou por ser superior o valor do objeto do conflito

---

[521] *Idem – Ibidem.*

[522] *Idem – Ibidem.*

[523] DESPACHO n.º 8.294. *Diário da República II Série* [Em linha]. N.º 225 (29-09-1997). p. 11.979. [Consult. 21 Jun. 2020]. Disponível em https://dre.pt/web/guest/analisejuridica/-/aj/30704564/dadosGeraisDetails/normal.

[524] CARVALHO, Jorge Morais – *Manual de Direito de Consumo.* 4.ª ed. Coimbra: Editora Almedina, 2017. ISBN 978-9724078335. p. 27.

[525] CARVALHO, Jorge Morais; PINTO-FERREIRA, João Pedro – Reflexão sobre a Arbitragem e a Mediação de Consumo na Lei de Defesa do Consumidor – A Lei n.º 63/2019, de 16 de Agosto. *Revista Internacional de Arbitragem e Conciliação...*, p. 18.

[526] DIREÇÃO-GERAL da Política de Justiça. *O que são Centros de Arbitragem?* [Em linha]. [Consult. 21 Jun. 2020]. Disponível em https://dgpj.justica.gov.pt/Resolucao-de-Litigios/Arbitragem/O-que-sao-Centros-de-Arbitragem.

em relação ao estabelecido ou por causa do enquadramento do prazo para a apresentação da reclamação.[527]

A Lei n.º 144/2015, de 8 de Setembro estabelece que não rege os serviços prestados pelo Estado ou de forma delegada à população em geral sem pagamento[528]; os serviços que os profissionais da saúde prestam aos doentes; o fornecedor de ensino público complementar ou superior; os conflitos dos fornecedores em face dos consumidores, em razão do Princípio da Unidirecionalidade e os procedimentos dos serviços disponibilizados aos consumidores para oferecerem suas reclamações[529], em decorrência da ausência da imparcialidade e da independência por haver certo vínculo de hierarquia com o agente econômico. Entretanto, no considerando 16 da Diretiva n.º 2013/11/UE do Parlamento Europeu e do Conselho, de 21 de Maio, há a possibilidade do Estado-Membro estabelecer na própria legislação que o reclamante seja um comerciante[530].

Esta lei estabelece a conciliação, a mediação e a arbitragem como procedimentos a serem adotados pelas entidades de RAL, sendo que para alguns doutrinadores, a negociação encontra-se inclusa, uma vez que o consumidor é obrigado a comunicar primeiramente o conflito ao fornecedor de bens ou prestador de serviços.[531] Determina, ainda, o Princípio da Unidirecionalidade, do Processo Equitativo, da Voluntariedade, da Acessibilidade, da Celeridade Processual, da Publicidade e da Confidencialidade[532].

---

527 Artigo 11.º da Lei n.º 144/2015, de 8 de Setembro. LEI n.º 144/2015. *Diário da República I Série...*, p. 7251-7258.

528 Refere-se às associações de consumidores, sindicatos, partidos políticos, administração da justiça ou a segurança interna.

529 Artigo 2.º, item 2 da Lei n.º 144/2015, de 8 de Setembro. LEI n.º 144/2015. *Diário da República I Série...*, p. 7251-7258.

530 "Considerando 16. [...] A presente diretiva deverá aplicar-se às queixas apresentadas pelos consumidores contra os comerciantes. Não deverá aplicar-se às queixas apresentadas por comerciantes contra consumidores nem a litígios entre comerciantes. Contudo, não deverá impedir os Estados-Membros de aprovar ou manter em vigor disposições em matéria de procedimentos de resolução extrajudicial desse tipo de litígios". DIRETIVA n.º 2013/11/UE. *EUR-Lex Jornal...*, p. 65.

531 Artigos 3.º, alínea "j" e 11.º, item 1, alínea "a" da Lei n.º 144/2015, de 8 de Setembro. LEI n.º 144/2015. *Diário da República I Série...*, p. 7251-7258.

532 CARVALHO, Jorge Morais; PINTO-FERREIRA, João Pedro; CARVALHO, Joana Campos – *Manual de Resolução...*, p. 83.

Mesmo tendo a previsão da aplicação pelas entidades do modelo de regulamento harmonizado na Lei n.º 144/2015, de 8 de Setembro, Jorge Morais de Carvalho[533] acentua que o CAUAL apresenta a preponderância dos conflitos na área da saúde, tendo ainda o CACCL e o CACCRAM, por não adotarem o regulamento harmonizado, também resolvem dissensos nesta área.

O regulamento de alguns Centros de Arbitragem de Consumo dispõe sobre a respectiva competência territorial, sendo a do CACCL a área metropolitana de Lisboa; a do CACCRAM é a Região Autónoma da Madeira; o CIMAAL engloba a área do distrito de Faro. Já a do CACCDC, CIAB, CICAP e TRIAVE é definida pelo local em que o contrato da relação de consumo foi celebrado.[534] Porém, o CNIACC apresenta competência nacional e supletiva em relação aos outros centros[535] e, por isso, só receberá a reclamação se não houver outro Centro de Arbitragem competente. Além disso, ampliou a cobertura da UMAC, que desde 2001 tratava apenas da mediação, e em 2009, a CNIACC inseriu a conciliação e a arbitragem[536].

Cada Centro de Arbitragem de Consumo estipula a competência em função do valor nos parâmetros dos limites estipulados nos próprios regulamentos[537] tendo como fundamento os critérios estabelecidos no Código de Processo Civil[538] em relação ao valor de uma ação judicial, que pode ser calculado considerando a "[...] utilidade económica imediata do pedido"[539] ou "[...] a quantia certa em dinheiro"[540] que se pretende adquirir com o litígio.

Jorge Morais Carvalho, João Pedro Pinto-Ferreira e Joana Campos Carvalho apontam que os regulamentos das entidades de RALC não definem

[533] *Idem – Op. Cit.* p. 435.

[534] *Idem – Op. Cit.* p. 438.

[535] *Idem – Op. Cit.* p. 439.

[536] *Idem – Op. Cit.* p. 119.

[537] Artigo 11.º, item 1, alínea "d" da Lei n.º 144/2015, de 8 de Setembro. LEI n.º 144/2015. *Diário da República I Série...*, p. 7251-7258.

[538] CARVALHO, Jorge Morais – As Entidades de Resolução Alternativa de Litígios de Consumo. *Themis...*, p. 442.

[539] Artigo 296.º, item 1 da Lei n.º 41/2013, de 26 de Junho. LEI n.º 41/2013. *Diário da República I Série...*, p. 3518-3665.

[540] Artigo 297.º, item 1 da Lei n.º 41/2013, de 26 de Junho. LEI n.º 41/2013. *Idem – Ibidem.*

a questão do valor do litígio e que não há lei que trate disso, por isso, a solução encontrada foram os critérios estabelecidos no CPC de Portugal.[541]

As entidades reguladoras são pessoas coletivas de direito público, tendo a "[...] proteção dos direitos e interesses dos consumidores nas áreas de atividade económica"[542], que é uma das funções que exercem, sendo regidas pela Lei n.º 67/2013, de 28 de Agosto, denominada Lei-Quadro das Entidades Reguladoras (LQER), que foi recentemente alterada pela Lei n.º 75 B/2020, de 31 de Dezembro.

Essas entidades exercem, dentre as várias atividades especificadas nesta Lei-Quadro, o uso dos métodos de RAL entre os operadores e os consumidores, além de auxiliar as "[...] associações de consumidores"[543], divulgar as estatísticas das reclamações realizadas e os resultados das suas atuações.[544] Ainda elenca as que são devidamente reconhecidas[545], sendo a Entidade Reguladora dos Serviços Energéticos (ERSE) a única identificada como entidade de RALC pela Direção-Geral do Consumidor[546] e que possui o próprio estatuto, que é o Decreto-Lei n.º 97/2002, de 12 de Abril, recentemente alterado pelo Decreto-Lei n.º 76/2019, de 3 de Junho[547].

Segundo Pedro Costa Gonçalves, os artigos da LQER devem ser lidos de forma sistemática e com isso, aponta que as entidades reguladoras poderão promover a mediação, mas em relação à arbitragem, apenas informar este método de RAL, por serem "[...] insuficientes para exercerem as funções arbitrais e atuarem como tribunais arbitrais"[548].

---

541 CARVALHO, Jorge Morais; PINTO-FERREIRA, João Pedro; CARVALHO, Joana Campos - *Manual de Resolução...*, p. 68.

542 Artigo 47.º, item 1 da Lei n.º 67/2013, de 28 de Agosto. LEI n.º 67/2013. *Diário da República I Série...*, p. 5184-5196.

543 Artigo 47.º, item 3, alínea "b" da Lei n.º 67/2013, de 28 de Agosto. *Idem – Ibidem.*

544 Artigo 47.º, item 3 da Lei n.º 67/2013, de 28 de Agosto. *Idem – Ibidem.*

545 Artigo 3.º, item 3 da Lei n.º 67/2013, de 28 de Agosto. *Idem – Ibidem.*

546 CARVALHO, Jorge Morais – As Entidades de Resolução Alternativa de Litígios de Consumo. *Themis...*, p. 445.

547 DECRETO-LEI n.º 97/2002. *Diário da República I Série A* [Em linha]. N.º 86 (12-04-2002). p. 3571- 3585. [Consult. 26 Jun. 2020]. Disponível em https://data.dre.pt/eli/dec-lei/97/2002/04/12/p/dre/pt/html.

548 GONÇALVES, Pedro Costa – Arbitragem e Regulação (a arbitrabilidade dos conflitos regulatórios). *Revista Internacional de Arbitragem e Conciliação...*, p. 77.

A Autoridade Nacional de Comunicações (ANACOM), antes designada ICP-ANACOM, que regula o setor de comunicações, inclusive os serviços postais, regido por estatuto próprio que é o Decreto-Lei n.º 39/2015, de 16 de Março, também promove a resolução de conflitos por RAL entre "as entidades sujeitas à sua regulação e os consumidores"[549]. Sendo que o setor de energia e das comunicações eletrônicas são as principais demandas como "[...] liderança das estatísticas dos centros de arbitragem"[550].

Nesse mesmo sentido será para as entidades reguladoras dos Serviços de Águas e Resíduos, cujo estatuto é a Lei n.º 10/2014, de 6 de Março[551], bem como para a Autoridade de Supervisão de Seguros e Fundos de Pensões, anteriormente designada Instituto de Seguros de Portugal, regido pelo Decreto-Lei n.º 1/2015, de 6 de Janeiro[552].

A Comissão do Mercado de Valores Mobiliários (CMVM) regida por estatuto próprio, Decreto-Lei n.º 5/2015, de 8 de Janeiro, alterado pela Lei n.º 99 A/2021, de 31 de Dezembro, soluciona os conflitos entre as operadoras fiscalizadas, bem como destas com os investidores pela mediação[553]. Tanto a CMVM quanto a ERSE são entidades que se destacam pelos resultados apresentados, cujos acordos são viabilizados pela mediação.[554]

O Provedor do Cliente é um serviço que algumas empresas oferecem para examinar as reclamações realizadas pelos consumidores. Na lista de entidades de RALC organizada pela Direção-Geral do Consumidor elenca o Provedor do Cliente das Agências de Viagem e Turismo (Provedor da

---

[549] Artigo 4.º, 1 do Decreto-Lei n.º 39/2015. DECRETO-LEI n.º 39/2015. *Diário da República I Série A* [Em linha]. N.º 52 (16-03-2015). p. 1559-1573. [Consult. 15 Set. 2020]. Disponível em https://dre.pt/application/file/a/66761354.

[550] CARVALHO, Jorge Morais; PINTO-FERREIRA, João Pedro; CARVALHO, Joana Campos – *Manual de Resolução...*, p. 71.

[551] LEI n.º 10/2014. *Diário da República I Série A* [Em linha]. N.º 46 (06-03-2014). p. 1733-1746. [Consult. 15 Set. 2020]. Disponível em https://data.dre.pt/eli/lei/10/2014/03/06/p/dre/pt/html.

[552] DECRETO-LEI n.º 1/2015, de 6 de Janeiro. DECRETO-LEI n.º 1/2015. *Diário da República I Série A* [Em linha]. N.º 3 (06-01-2015). p. 18-31. [Consult. 26. Jun. 2020]. Disponível em https://data.dre.pt/eli/dec-lei/1/2015/01/06/p/dre/pt/html.

[553] Artigo 6.º, item 6, alínea "b" do Decreto-Lei n.º 5/2015, de 8 de Janeiro. DECRETO-LEI n.º 5/2015. *Diário da República I Série* [Em linha]. N.º 5 (08-01-2015). p. 225-237. [Consult. 26 Jun. 2020]. Disponível em https://data.dre.pt/eli/dec-lei/5/2015/01/08/p/dre/pt/html.

[554] CARVALHO, Jorge Morais – As Entidades de Resolução Alternativa de Litígios de Consumo. *Themis...*, p. 445.

APAVT)[555], relativo a várias empresas. Semelhante ao Serviço de Atendimento ao Consumidor (SAC) oferecido no Brasil com algumas diferenças, que serão acentuadas adiante.

Cátia Marques Cebola apresenta certa crítica em relação ao Provedor do Cliente por ser a própria empresa quem analisará a queixa apresentada pelo cliente e, assim, ser "[...] duvidosa a sua efetiva independência"[556], pois não há controle em relação a esse serviço. Além disso, acrescenta que o consumidor deve ser informado de que há outras entidades de RALC e que a deliberação proferida pelo Provedor não é definitiva.

Corrobora com tal posicionamento Jorge Morais Carvalho ao afirmar que a inclusão do Provedor do Cliente do Setor na lista elencada pela Lei n.º 144/2015, de 8 de Setembro, considera reprovável pelo fato de não ter como saber se atuam de forma "[...] independente e imparcial"[557] nos atendimentos realizados e que fossem divulgados os percentuais dos casos solucionados a favor das empresas e dos consumidores, bem como, nos moldes do Princípio da Transparência, que as decisões fossem reveladas.[558]

As Associações de Consumidores não compõem a lista de entidades de RALC organizada pela Direção-Geral do Consumidor em função da ausência dos requisitos de "[...] independência e imparcialidade"[559], tendo reconhecimento constitucional na defesa do consumidor, bem como legitimidade processual em relação aos associados[560]. Porém viabilizam e auxiliam os interessados a buscarem a entidade adequada para a resolução do conflito.

Nesse sentido, a Associação Portuguesa para a Defesa do Consumidor (DECO) criou os Gabinetes de Apoio e Acompanhamento ao Endividado e Sobreendividado para auxiliar os consumidores nas negociações sobre os

---

555 DIREÇÃO-GERAL do Consumidor. *Entidades de RAL* [Em linha]. [Consult. 9 Jul. 2020]. Disponível em https://www.consumidor.gov.pt/parceiros/sistema-de-defesa-do-consumidor/entidades-de-resolucao-alternativa-de-litigios-de-consumo/ral-mapa-e-lista-de-entidades.aspx.

556 CEBOLA, Cátia Marques – ADR 3.0 @ Resolução *Online* de Conflitos de Consumo em Portugal. *Revista Luso-Brasileira de Direito de Consumo...*, p. 79.

557 CARVALHO, Jorge Morais – As Entidades de Resolução Alternativa de Litígios de Consumo. *Themis...*, p. 447.

558 *Idem – Op. Cit.* p. 448.

559 *Idem – Op. Cit.* p. 449.

560 *CONSTITUIÇÃO da República Portuguesa: Lei Constitucional...*, p. 53.

créditos. Desde o ano 2000, Lisboa, Porto, Coimbra, Leiria, Santarém, Évora, Viana do Castelo e Faro possuem esses gabinetes.[561]

Segundo Jorge Morais Carvalho, os Julgados de Paz não possuem competência específica para os conflitos de consumo[562], pois são tribunais estaduais competentes, consagrados no artigo 209.º, item 2 da Constituição Portuguesa, tendo competência para ações declaratórias cíveis mais simples e com baixo valor, que utilizam a sessão de pré-mediação e mediação para que as partes possam alcançar um possível acordo[563].

Consoante Cátia Marques Cebola, os Julgados de Paz possuem uma natureza jurídica "[...] híbrida ou mista"[564] e, em função disto, não estão inclusos na lista de entidades de RAL estabelecida pela Lei n.º 144/2015, de 8 de Setembro, por incorporarem a "[...] categoria constitucional de tribunais"[565]. Para Jaime Octávio Cardona Ferreira são "[...] tribunais não judiciais ou mistos"[566]. Já Mário Frota considera-os como "[...] órgãos extrajudiciais de administração da justiça"[567] e foram criados embasados no funcionamento dos Juizados Especiais do Brasil[568].

Já no Brasil não há tantas entidades que realizam a mediação privada nos conflitos de consumo como em Portugal, sendo importante enaltecer que a maioria termina no Judiciário, mais especificamente no Juizado Especial Cível das Relações de Consumo e, por isso, serão elencados alguns órgãos públicos

---

561 PEDROSO, João; TRINCÃO, Catarina; DIAS, João Paulo – Os Litígios Privados e Laborais: um roteiro dos caminhos da informalização e da desjudicialização. In *Percurso da informalização e da desjudicialização – por caminhos da reforma da administração da justiça (análise comparada)*. Coimbra: Universidade de Coimbra, 2001. ISBN 972-32-1176-9. p. 117.

562 CARVALHO, Jorge Morais – As Entidades de Resolução Alternativa de Litígios de Consumo. *Themis...*, p. 450.

563 Artigos 49.º a 51.º da Lei 78/2001, de 13 de Julho. LEI n.º 78/2001. *Diário da República I Série...*, p. 4267-4274.

564 CEBOLA, Cátia Marques – ADR 3.0 @ Resolução *Online* de Conflitos de Consumo em Portugal. *Revista Luso-Brasileira de Direito de Consumo...*, p. 65-93.

565 Gouveia, Mariana França – *Curso de Resolução...*, p. 318.

566 FERREIRA, Jaime Octávio Cardona – *Justiça de Paz – Julgados de Paz*. Coimbra: Editora Coimbra, 2005. ISBN 9789723213676. p. 46-51.

567 FROTA, Mário – Os Mecanismos Alternativos de Resolução de Litígios de Consumo: imperativo europeu, seus reflexos em Portugal. *Revista Portuguesa de Direito do Consumo – RPDC...*, p. 79.

568 *Idem – Op. Cit. 83.*

que praticam o método da conciliação como RAL para que as partes consigam entabular um acordo, bem como a plataforma "*www.consumidor.gov.br*".

O Programa Estadual de Proteção e Defesa do Consumidor[569] (Procon) é um órgão do Poder Executivo no âmbito estadual ou municipal, criado por lei para proteção, defesa dos direitos e interesses do consumidor. Possui legitimidade para promover deliberações coletivas com o objetivo de prevalecer o direito consumerista[570], embasado no direito constitucional de petição. Assim, o consumidor pode realizar a abertura de um processo administrativo para averiguar a sua questão e solucioná-la, evitando que esta demanda chegue ao Judiciário, desde que seja referente às questões de direitos patrimoniais disponíveis. Porém, o Procon só atenderá o consumidor após a tentativa frustrada de solucionar a questão diretamente com o fornecedor ou prestador do serviço.

Em relação à natureza jurídica do Procon, relevante destacar que há divergência. No Estado de São Paulo e do Rio de Janeiro é uma autarquia, já em Minas Gerais é um órgão. Diante desta questão, isso não será pormenorizado, porque o importante é saber o objetivo da criação deste órgão que é a defesa dos direitos do consumidor. Caso seja constatada irregularidade ou violação aos dispositivos legais, haverá a lavratura do auto de infração.[571] Em 2004, foi criado o Sistema Nacional de Informações de Defesa do Consumidor (Sindec) para "[...] auxiliar, padronizar e harmonizar os registros das demandas individuais dos consumidores nos Procons, bem como promover a gestão destes procedimentos"[572]. O Sindec fornece as informações referentes às demandas que ocorrem nos Procons e isso faz com que o consumidor saiba mais sobre o fornecedor de produto ou prestador de serviço[573].

Outrossim, há ainda a previsão das Câmaras Privadas de Conciliação e Mediação cadastradas no Tribunal de Justiça de cada Estado brasileiro, conforme dispõe o CPC, sendo uma opção de escolha pelas partes para

---

569 Em 2014 totalizam mais de 778 Procons em 27 Estados, sendo 13 nas capitais e 738 nos Municípios. Atingindo 108.362.880 consumidores.

570 Artigo 82, inciso III da Lei n.º 8.078/1990, de 11 de Setembro. ANGHER, Anne Joyce [Org.] – *Vade Mecum*. Vol. 1..., p. 657

571 SILVA, Juliana Pereira da [Coord.] – *Manual de Direito do Consumidor*..., p. 35-36.

572 *Idem* – *Op. Cit.* p. 36.

573 *SINDEC – Secretaria Nacional do Consumidor* [Em linha]. [Consult. 19 Fev. 2021]. Disponível em https://sindecnacional.mj.gov.br/sobre.

superarem o dissenso e alcançarem o acordo.[574] Entretanto, em função do baixo valor da maioria dos conflitos de consumo, a busca pela mediação privada nessas Câmaras fica onerosa em comparação aos outros órgãos públicos que viabilizam o alcance da autocomposição. Além disso, há ainda a falta de informação, de fomento e de costume juntamente com a voluntariedade da outra parte de concordar em participar do procedimento de mediação para solucionar o conflito.

O Serviço de Atendimento ao Consumidor (SAC) é um canal oferecido pelo próprio fornecedor/empresa para o consumidor/cliente, cuja finalidade é receber as reclamações, sugestões ou dúvidas e pode ser realizado pelo telefone, *chat*, correio eletrônico/*e-mail* ou *whatsApp*. Está regulamentado pelo Decreto n.º 6.523/2008, de 31 de Julho e deve observar o princípio da dignidade, boa-fé, transparência, eficiência, eficácia, celeridade e cordialidade[575]. O SAC é inclusive utilizado pela plataforma "*www.consumidor.gov.br*", pois no formulário de preenchimento da reclamação, o consumidor poderá inserir o número do protocolo desse atendimento, sendo mais uma comprovação de que houve a tentativa de resolver o conflito diretamente com a empresa. Além disso, caso o atendimento seja pelo telefone, as conversas são gravadas para serem utilizadas posteriormente por qualquer das partes, seja em um processo judicial ou até mesmo em um método de RAL.

Por fim, a plataforma "*www.consumidor.gov.br*", criado em 2014, é um serviço gratuito, simples e de utilidade pública, monitorado pelo Estado, Procon, Senacon e sociedade. O consumidor não precisará de processo administrativo e nem judicial. Neste canal terá a oportunidade de negociar diretamente com a empresa sobre o conflito consumerista pela reclamação e ainda consultar os atendimentos já realizados. A finalidade desta plataforma é "[...] ampliar o atendimento aos consumidores, incentivar a competitividade para a melhoria da qualidade, aprimorar as políticas de prevenção de condutas que violem os direitos do consumidor e fortalecer a promoção da transparência nas relações de consumo"[576], sendo importante enaltecer que

---

[574] Artigo 167 e seus parágrafos do Código de Processo Civil. ANGHER, Anne Joyce [Org.] – *Vade Mecum*. Vol. 1..., p. 303.

[575] DECRETO n.º 6.523/2008. *Planalto* [Em linha]. [Consult. 18 Fev.2021]. Disponível em http://www.planalto.gov.br/ccivil_03/_Ato2007-2010/2008/Decreto/D6523.htm.

[576] *CONSUMIDOR.gov.br* [Em linha]. [Consult. 12 Fev. 2021]. Disponível em https://consumidor.gov.br/pages/conteudo/publico/1.

não substitui o Procon e nem o SAC. A crítica apresentada é que as empresas se cadastram voluntariamente com a assinatura de um Termo de Adesão e, por isso, há a ausência de muitas empresas neste serviço público, que é a "[...] implementação de políticas públicas de defesa dos consumidores e incentiva a competitividade no mercado pela melhoria da qualidade e do atendimento ao consumidor"[577]. Desde Junho/2014 já foram registradas 1.700.000 reclamações. No ano de 2018 constataram 494 empresas cadastradas e 81% dos casos reclamados foram solucionados. Além disso já é reconhecido pelo CNJ como um canal eficiente de solução extrajudicial[578]. Em 2019 foi celebrado um Termo de Cooperação Técnica entre o Ministério da Justiça com o CNJ visando integrar a plataforma ao Processo Judicial Eletrônico (PJe) para que o consumidor, mesmo após judicializar o conflito, tenha a oportunidade de buscar uma solução mais célere pela plataforma, cujo acordo será homologado pelo juiz de direito. Esta integração estava como projeto piloto no Tribunal de Justiça do Distrito Federal e Territórios, bem como no Tribunal Regional Federal da 1ª Região.[579]

Neste tópico a diferença do direito comparado entre Portugal e Brasil foi díspar. Enquanto Portugal criou uma lei específica para os mecanismos de resolução extrajudicial de litígios de consumo, que foi a Lei n.º 144/2015, de 8 de Setembro, visando à autocomposição privada. O Brasil considerou que a criação dos Juizados Especiais Cíveis das Relações de Consumo poderiam suportar as demandas consumeristas. Entretanto, com o crescente aumento dos processos judiciais, percebeu-se que teria que ser criada outra via de acesso ao consumidor pela RALC e, assim surgiu a plataforma "*www.consumidor.gov.br*". Porém a questão principal a ser observada é que os meios RAL no Brasil foram direcionados para o Judiciário ou para outro órgão público (Procon ou SAC), sendo diametralmente distinto da forma estruturada e aplicada em Portugal.

---

[577] *Idem – Ibidem.*

[578] *JUSTIÇA e Segurança Pública* [Em linha]. [Consult. 19 Fev. 2021]. Disponível em https://www.justica.gov.br/news/collective-nitf-content-1552426609.41.

[579] CONSUMIDOR em Números 2016. *Ministério da Justiça* [Em linha]. [Consult. 20 Fev. 2021]. Disponível em https://www.defesadoconsumidor.gov.br/images/2020/Consumidor-em-nmeros---2019.pdf.

3.5. PROCEDIMENTO

O procedimento de mediação em Portugal e no Brasil não está detalhado nas respectivas leis e por isso a doutrina estabelece algumas fases, que variam entre os doutrinadores. As fases estabelecidas em Portugal pela Lei n.º 29/2013, de 19 de Abril mesclam-se umas nas outras em função da informalidade, porém a sessão de pré-mediação e o protocolo de mediação[580] são obrigatórios. Na pré-mediação, o mediador explica o procedimento e as regras que regem a mediação. Já o protocolo é o documento que confirma o consentimento das partes, a explicação do procedimento, os honorários do mediador, o objeto do conflito e as datas das sessões.[581]

Christopher W. Moore destaca a "[...] constituição de um relacionamento com as partes; escolha da estratégia da mediação; recolha da informação sobre as partes e o conflito; programação detalhada da mediação; estabelecimento de confiança e cooperação"[582] antes da sessão. Já para Henry J. Brown e Arthur L. Marriot há "[...] introdução das partes na mediação; compromisso e acordo sobre as regras da mediação; comunicação preliminar e preparação da sessão"[583].

Cátia Marques Cebola estabelece três fases, que são a pré-mediação com a assinatura do protocolo de mediação; a mediação em sentido estrito, "[...] que tem como objetivo ajudar as partes a trabalhar o conflito que as separa e construir uma solução"[584]; após mediação, que é o cumprimento do acordo.[585] Já Dulce Lopes e Afonso Patrão determinam quatros fases, que se inicia com

---

580 Artigo 16.º, item 3 da Lei n.º 29/2013, de 19 de Abril. "3 – O protocolo de mediação é assinado pelas partes e pelo mediador e dele devem constar: a) A identificação das partes; b) A identificação e domicílio profissional do mediador e, se for o caso, da entidade gestora do sistema de mediação; c) A declaração de consentimento das partes; d) A declaração das partes e do mediador de respeito pelo princípio da confidencialidade; e) A descrição sumária do litígio ou objeto; f) As regras do procedimento da mediação acordadas entre as partes e o mediador; g) A calendarização do procedimento de mediação e definição do prazo máximo de duração da mediação, ainda que passíveis de alterações futuras; h) A definição dos honorários do mediador, nos termos do artigo 29.º, exceto nas mediações realizadas nos sistemas públicos de mediação; i) A data". LEI n.º 29/2013. *Diário da República I Série...*, p. 2278-2284.

581 Artigo 16.º da Lei n.º 29/2013, de 19 de Abril. *Idem – Ibidem.*

582 MOORE, Christopher W. – *O processo de mediação...*, p. 68.

583 BROWN, Henry J.; MARRIOT, Arthur L. – ADR *Principles and Practice...*, p. 154.

584 CEBOLA, Cátia Marques – *La Mediación...*, p. 201.

585 *Idem – Ibidem.*

o momento de iniciativa, tendo a assinatura do protocolo de mediação, em seguida o procedimento de mediação, que é a obtenção do acordo, a fase final e o momento pós-mediação.[586] José Vasconcelos Sousa e Catarina Frade consideram como etapas a "[...] audiência das partes, a discussão conjunta, a enumeração e organização das questões a resolver, a procura de ideias para resolver as questões elencadas e o esboço de um possível acordo".[587]

Visando contribuir com o mediador, as leis de mediação de Portugal[588] e do Brasil[589] possibilitam a realização de sessões privadas, também denominadas de individuais ou *caucus*, com cada uma das partes, sendo uma prática que não compromete a seriedade do método RAL em função do Princípio da Confidencialidade.

O término do procedimento poderá ser com a celebração do acordo entre as partes ou com a desistência de uma delas ou sem um consenso, conforme dispõe na Lei de Mediação de Portugal[590] e do Brasil[591]. Sendo o termo final da sessão de mediação o acordo, que no Brasil será um título executivo extrajudicial[592] e passará a ser título executivo judicial após a homologação do juiz[593]. Caso o acordo seja descumprido, a parte prejudicada terá que recorrer ao Judiciário. Sem a homologação judicial será um título executivo extrajudicial que requererá o seu cumprimento pela ação monitória[594]. E se for um título judicial será pela ação de cumprimento de sentença[595].

586 LOPES, Dulce; PATRÃO, Afonso – *Lei da Mediação Comentada*..., p. 126.

587 *Idem – Op. Cit. p.* 149-150.

588 Artigo 26.º, alínea "c" da Lei n.º 29/2013, de 19 de Abril. LEI n.º 29/2013. *Diário da República I Série*..., p. 2278-2284.

589 Artigo 19 da Lei n.º 13.140/2015, de 26 de Junho. ANGHER, Anne Joyce [Org.] – *Vade Mecum*. Vol. 2..., p. 770.

590 Artigo 19.º da Lei n.º 29/2013, de 19 de Abril. LEI n.º 29/2013. *Diário da República I Série*..., p. 2278-2284.

591 Artigo 20 da Lei n.º 13.140/2015, de 26 de Junho. ANGHER, Anne Joyce [Org.] – *Vade Mecum*. Vol. 2..., p. 770.

592 Artigo 784, inciso IV da Lei n.º 13.105/2015, de 16 de Março. ANGHER, Anne Joyce [Org.] – *Vade Mecum*. Vol. 1..., p. 351.

593 Artigo 20, parágrafo único da Lei n.º 13.140/2015, de 26 de Junho. ANGHER, Anne Joyce [Org.] – *Vade Mecum*. Vol. 2..., p. 770.

594 Artigos 700 a 702 da Lei n.º 13.105/2015, de 16 de Março. ANGHER, Anne Joyce [Org.] – *Vade Mecum*. Vol. 1..., p. 344.

595 Artigos 523 a 527 da Lei n.º 13.105/2015, de 16 de Março. *Idem – Op. Cit.* p. 331.

Em Portugal dependerá do contexto. Já terá força executiva em decorrência do Princípio da Executoriedade, se o conflito for enquadrado na mediação, as partes forem capazes e legítimas, não houver ofensa à ordem pública e com a participação de um mediador devidamente inscrito na lista.[596] Porém, se o acordo foi realizado na fase da pré-mediação[597], faculta às partes conjuntamente requererem a homologação judicial[598]. Sendo obrigatório o pedido de homologação do acordo, tendo em curso o respectivo processo judicial.[599-600]

Mariana França Gouveia explica que a homologação judicial opcional pelas partes servirá como "[...] força executória especial ao acordo ou uma força executória reforçada. Poderá ter uma função apenas pedagógica, isto é, mesmo que nenhuma das partes pretenda a sua execução"[601]. Além disso considera desnecessária a homologação judicial quando há suspensão de instância, porque não há previsão na Diretiva n.º 2008/52/CE do Parlamento Europeu e do Conselho, de 21 de Maio de 2008[602]. Em contraposição, Albertina Pereira concorda com a exigência legal.[603]

O procedimento da mediação no Brasil é dividido em cinco fases, conforme estabelece o Manual de Mediação Judicial do CNJ e a doutrina majoritária, sendo a "[...] declaração de abertura; exposição de razões pelas partes; identificação de questões, interesses e sentimentos; esclarecimentos acerca de questões, interesses e sentimentos; resolução de questões"[604]. Essas fases são assim elencadas pela doutrina para fins didáticos, mas na prática elas transpassam entre si, sendo que a Lei de Mediação estipula a obrigatoriedade do mediador informar às partes sobre o Princípio da Confidencialidade,

---

596 Artigo 9.º, item 1 da Lei n.º 29/2013, de 19 de Abril. LEI n.º 29/2013. *Diário da República I Série...*, p. 2278-2284.

597 Artigo 13.º da Lei n.º 29/2013, de 19 de Abril. *Idem – Ibidem.*

598 Artigo 14.º da Lei n.º 29/2013, de 19 de Abril. *Idem – Ibidem.*

599 Artigo 45.º da Lei n.º 29/2013, de 19 de Abril. *Idem – Ibidem.*

600 Artigo 273.º da Lei n.º 41/2013, 26 de Junho. LEI n.º 41/2013. *Diário da República I Série...*, p. 3518-3665.

601 Gouveia, Mariana França – *Curso de Resolução...*, p. 88.

602 *Idem – Op. Cit.* p. 89.

603 PEREIRA, Albertina – A Mediação e a (Nova) Conciliação. In *Resolução Alternativa de Litígios.* Lisboa: Agora Publicações, 2006. p. 194.

604 AZEVEDO, André Gomma de [Org.] – *Manual de Mediação Judicial...*, p. 167.

além da não obrigatoriedade em continuar no procedimento[605]. Sendo que na mediação extrajudicial terá que haver previamente um convite com o detalhamento da minuta da proposta de negociação, que já terá estabelecido o prazo para a realização da primeira sessão de mediação, o critério de escolha do mediador, a penalidade do não comparecimento e o local da primeira reunião.[606]

Em relação à medição *on-line*, também denominada de *Online Dispute Resolution* (ODR), não há nenhuma alusão na lei de Portugal, assim Dulce Lopes e Afonso Patrão apontam que "[...] a recusa da mediação *online* e, em geral, não presencial, nos parece contraditória com a finalidade a flexibilidade da mediação em matéria civil e comercial [...] não ser exigível um local físico no qual as sessões de mediação tenham necessariamente lugar"[607]. Para Frederico Bueno de Mata, as vantagens incluem "[...] os custos envolvidos, maior flexibilidade para os usuários e maior rapidez na conclusão do procedimento"[608], enquanto as desvantagens englobam "[...] a eliminação da linguagem não verbal, a perda de atitudes positivas e qualidades humanas do mediador e possíveis erros de conexão entre este e uma ou as várias partes"[609]. Na lei brasileira há previsão da realização da mediação *on-line* ou por outro meio de comunicação, desde que seja acordado entre as partes sobre o meio que será utilizado para permitir a sessão de mediação.[610]

Entretanto, em razão do contexto vivido mundialmente com a doença causada pela COVID-19, o CNJ promulgou a Portaria n.º 345, de 9 de Outubro de 2020, que trata da possibilidade das audiências, bem como das sessões de conciliação e de mediação judiciais passarem a ser realizadas virtualmente no Brasil com a implantação do "Juízo 100% Digital", que é uma "[...] plataforma única de inteligência artificial"[611], em que todos os atos

---

605 Artigos 14 e 18 da Lei n.º 13.140/2015, de 26 de Junho. ANGHER, Anne Joyce [Org.] – *Vade Mecum*. Vol. 2..., p. 770.

606 Artigos 21 e 22 da Lei n.º 13.140/2015, de 26 de Junho. *Idem – Ibidem*.

607 LOPES, Dulce; PATRÃO, Afonso – *Lei da Mediação Comentada*...., p. 140-142.

608 MATA, Frederico Bueno de – *Meditación crítica sobre la mediación como alternativa a la jurisdicción*. Santiago de Compostela: Andavira, 2011. ISBN 9788490455715. p. 97.

609 *Idem – Ibidem*.

610 Artigo 46 da Lei n.º 13.140/2015, de 26 de Junho. ANGHER, Anne Joyce [Org.] – *Vade Mecum*. Vol. 2..., p. 773.

611 PORTARIA n.º 345. *Conselho Nacional de Justiça* [Em linha]. (8-10-2020). [Consult. 8 Nov. 2020]. Disponível em https://atos.cnj.jus.br/files/original175500202010145f873b7482503.pdf.

serão realizados virtualmente e de modo remoto, desde que o demandante opte com a anuência da parte demandada.[612]

Em Portugal, os Tribunais adotaram a plataforma informática designada *Cisco Webex Meetings*, onde serão realizadas as diligências que as partes, seus mandatários ou intervenientes processuais tenham que praticar presencialmente "[...] bem como a prática de quaisquer atos processuais e procedimentais se realize através de meios de comunicação à distância adequados, designadamente teleconferência, videochamada ou outro equivalente"[613], conforme estabelecido na Lei n.º 1-A/2020, de 19 de Março, que trata das medidas excepcionais e temporárias de resposta à situação epidemiológica provocada pelo CORONAVÍRUS SARS-COV-2 e da doença COVID-19 com 11 alterações, sendo a última pela Lei n.º 4-B/2021, de 1º de Fevereiro[614]. Já as entidades que realizam a mediação privada em Portugal disponibilizaram para o consumidor um contato telefônico, além da possibilidade de procederem a reclamação de modo *on-line*. Sendo que essas informações estão expressas nos respectivos *sites* como também no da Direção-Geral do Consumidor.

Diante de tais considerações, Portugal e Brasil adequaram-se à nova realidade causada pela COVID-19 e as agências que utilizam a mediação como método de RAL para os conflitos de consumo permaneceram atendendo o consumidor, sendo que adiante será demonstrado que o número das reclamações aumentaram consideravelmente diante do contexto da pandemia.

3.6. MEDIADOR

Mediador é "[...] um terceiro, imparcial e independente, desprovido de poderes de imposição aos mediados, que os auxilia na tentativa de construção de um acordo final sobre o objeto do litígio"[615], tendo a função

---

612 *Idem – Ibidem.*

613 *CONSELHO Superior da Magistratura* [Em linha]. [Consult. 19 Fev. 2021]. Disponível em https://www.csm.org.pt/2020/04/21/informacao-relativa-ao-uso-da-plataforma-informatica-cisco-webex-meetings/.

614 LEI n.º 4A/2020. *Diário da República I Série* [Em linha]. N.º 68 (06-04-2020). p. 35(3)-35(6). [Consult. 19 Fev. 2021]. Disponível em https://data.dre.pt/eli/lei/4-A/2020/04/06/p/dre.

615 Artigo 2.º da Lei n.º 29/2013, de 19 de Abril. LEI n.º 29/2013. *Diário da República I Série...*, p. 2278-2284.

de conduzir "[...] o procedimento de comunicação entre as partes, buscando o entendimento e o consenso e facilitando a resolução do conflito"[616] nas sessões de mediação e com a finalidade das partes restabelecerem a "[...] comunicação, identificar, por si próprios, soluções consensuais que gerem benefícios mútuos"[617]. Na Lei de Mediação de Portugal e do Brasil expressam que o mediador está regido pelo Princípio da Confidencialidade, que inclui todas as informações disponibilizadas nas sessões de mediação e, por isso, tais conteúdos não poderão ser disponibilizados para outros fins.[618] Por conseguinte, a confidencialidade é inerente ao ofício do mediador.

Além disso, deverá adotar uma postura serena, segura e discreta[619] para contribuir na autocomposição entre as partes, podendo utilizar-se das técnicas de negociação, pois isso não afeta o seu dever de imparcialidade. A neutralidade do mediador refere-se à solução dada pelas partes diante da dissensão, mas ele participa da construção da autocomposição, uma vez que através do uso das técnicas adequadas faz restabelecer a comunicação entre as partes. Além de não ter nenhum interesse no conflito e nem vínculo com os mediados.[620] Caso cometa alguma irregularidade, em Portugal será excluído da lista de mediadores.[621] Esta lista é disponibilizada pela Direção-Geral de Consumo[622] e apresenta 601 mediadores cadastrados conforme a atualização realizada em 27 de Março de 2020.

Já no Brasil, está disposto no CPC[623] que o capítulo referente aos impedimentos e suspeições dos juízes serão aplicados aos conciliadores e

---

616 Artigo 4º, §1º da Lei n.º 13.140/2015, de 26 de Junho. ANGHER, Anne Joyce [Org.] – *Vade Mecum*. Vol. 2..., p. 769.

617 Artigo 165, §3º da Lei n.º 13.105/2015, de 16 de Março. ANGHER, Anne Joyce [Org.] – *Vade Mecum*. Vol. 1..., p. 303.

618 Artigo 166, §1º do Código de Processo Civil. *Idem – Ibidem*.

619 CABRAL, Antonio do Passo; CUNHA, Leonardo Carneiro da – Negociação direta ou resolução colaborativa de disputas (*collaborative law*): "mediação sem mediador". *Revista de Processo...*, p. 471-489.

620 Artigo 27.º, item 4 da Lei n.º 29/2013, 19 de Abril. LEI n.º 29/2013. *Diário da República I Série...*, p. 2278-2284.

621 Artigo 44.º, item 1, alínea "c" da Lei n.º 29/2013, 19 de Abril. *Idem – Ibidem*.

622 DIREÇÃO-Geral da Política de Justiça. *Resolução de Litígios Mediação*. [Consult. 21 Jun. 2020]. Disponível em https://dgpj.justica.gov.pt/Portals/31/GRAL_Media%E7%E3o/Lista-de-mediadores_privada_27.03.2020.pdf.

623 Artigos 144 ao 148 da Lei n.º 13.105/2015, de 16 de Março. ANGHER, Anne Joyce [Org.] – *Vade Mecum*. Vol. 1..., p. 300-301.

mediadores extrajudicial e judicial, conforme também determina o artigo 5º do Código de Ética da Resolução n.º 125/2010 do CNJ, de 29 de Novembro[624]. Nessa lógica, são considerados como auxiliares da justiça[625] e por isso os atos praticados pelo mediador suspeito ou impedido serão tidos como nulos[626] e os mediadores judiciais serão excluídos[627] do cadastro do respectivo Tribunal que atuarem.

Mariana França Gouveia e Jorge Morais Carvalho ressaltam a importância dos mediadores salientarem para os mediados que a cooperação deles no processo da mediação é indispensável para alcançar um resultado aceitável por todos e, por isso, é tão importante a função de apaziguar a questão conflituosa para que as partes consigam alcançar o equilíbrio.[628] Em consequência a linguagem do mediador para explicar o procedimento da mediação tem que ser acessível e descomplicada, porque esta explicação é importante para que as partes tenham consciência da relevância do diálogo para se chegar a um consenso.

Sendo essencial também que o mediador identifique a questão conflituosa, bem como os interesses e os sentimentos das partes para conduzir da melhor maneira a comunicação e o êxito do acordo utilizando as técnicas adequadas durante o processo de mediação. Ademais, esclarecer às partes que a sua função é de auxiliá-las e não de julgamento, por isso deve adotar a postura de imparcialidade, além da habilidade em escutá-las para compreender o interesse real de cada uma.

Luís Melo Campos denomina o mediador como um "[...] agente de mudança"[629]. Já Dulce Lopes e Afonso Patrão explicam que o mediador "[...] desbloqueia uma linha de comunicação entre os mediados"[630]. Nesse

---

[624] Artigo 5º do anexo III da Resolução n.º 125/2010, de 29 de Novembro. RESOLUÇÃO n.º 125/2010. *Conselho Nacional de Justiça...*, p. 10.

[625] Artigo 149 da Lei n.º 13.105/2015, de 16 de Março. ANGHER, Anne Joyce [Org.] - *Vade Mecum*. Vol. 1..., p. 301.

[626] *Idem – Ibidem.*

[627] Artigo 173 da Lei n.º 13.105/2015, de 16 de Março. *Idem – Op. Cit.* p. 303.

[628] CARVALHO, Jorge Morais; GOUVEIA, Mariana França [Org.] - Conflitos de Consumo. In *A Experiência da UMAC na Mediação de Conflitos de Consumo*. Coimbra: Editora Almedina, 2006. ISBN 978-9724027661. p. 36.

[629] CAMPOS, Luís Melo - *Mediação de Conflitos: Enquadramentos Institucionais e Posturas Epistemológicas*. Coimbra: Mediarcom, 2009. ISBN 978-972-789-263-9. p. 185.

[630] LOPES, Dulce; PATRÃO, Afonso - *Lei da Mediação Comentada...*, p. 134.

sentido, Mariana França Gouveia ressalta que o mediador é a pessoa que "[...] coloca as partes no trilho seguro e não as deixa desviar dos seus reais interesses. É a descoberta dos interesses que permite chegar a um acordo verdadeiramente pacificador"[631]. Sendo um profissional treinado, é o responsável em transmitir confiança para as partes e isso contribui com a "[...] credibilidade da mediação"[632].

Esse auxílio do mediador visa alcançar as partes para que consigam reconhecer o conflito em si e, só após isso, acertarem as questões que realmente são tidas como importantes na dissensão.[633] Nesse sentido, Cátia Marques Cebola explica as ferramentas essenciais do trabalho do mediador, que são a "[...] escuta activa; o domínio da arte de perguntar, aplicando tipos de perguntas adequadas à situação em litígio (perguntas abertas/fechadas; perguntas lineares/circulares); a elaboração de resumos e o recurso à técnica de *caucus*"[634].

Mariana França Gouveia destaca que a posição do mediador é ao lado das partes para que se sintam em condições de igualdade para facilitar o diálogo, a comunicação e o consenso. Tanto que a Lei n.º 29/2013, de 19 de Abril estabelece que compete aos mediados a responsabilidade[635] pelas decisões tomadas e por isso apresentam o domínio sobre o conteúdo do processo, sendo nesta perspectiva que o mediador deve abster-se de instituir qualquer tipo de acordo.[636]

Ademais, considerando a autonomia da vontade das partes, bem como a informalidade da mediação, características próprias dos mecanismos consensuais de resolução de disputas, o advogado poderá ser escolhido para realizar a mediação.[637] Assim, esse acordo realizado por um terceiro, que não é o mediador, será redigido em um contrato, cuja natureza jurídica

---

631 GOUVEIA, Mariana França - *Curso de Resolução...*, p. 50.

632 *Idem - Op. Cit.* p. 56.

633 RODRIGUES JÚNIOR, Walsir Edson - *A prática da mediação e o acesso à justiça.* Belo Horizonte: Del Rey, 2007. ISBN 9788573088182. p. 179.

634 CEBOLA, Cátia Marques - *La Mediación...*, p. 220.

635 Artigos 4.º e 26.º da Lei n.º 29/2013, de 19 de Abril. LEI n.º 29/2009. *Diário da República I Série...*, p. 2278-2284.

636 GOUVEIA, Mariana França - *Curso de Resolução...*, p. 51.

637 Ideia de Antonio do Passo Cabral e Leonardo Carneiro da Cunha. CABRAL, Antonio do Passo; CUNHA, Leonardo Carneiro da - Negociação direta ou resolução colaborativa de disputas (*collaborative law*): "mediação sem mediador". *Revista de Processo...*, p. 471-489.

no ordenamento jurídico brasileiro[638] é considerado como título executivo extrajudicial, e, com isso, estará regido pelo Princípio da Executoriedade. Já em Portugal, este acordo não terá força executiva, por não atender os requisitos exigidos na Lei de Mediação[639] e, por isso deverá ser homologado pelo juiz para ter executoriedade.

Em Portugal o mediador está adstrito aos princípios elencados na Lei de Mediação (Lei n.º 29/2013, de 19 de Abril), o que inclui o sigilo profissional durante a sessão de mediação e, assim poderá trabalhar de forma independente, porém, há algumas exceções permitidas, sendo nas questões de ordem pública[640] ou para proteger o interesse de uma criança ou a integridade física ou psíquica de qualquer pessoa ou para a aplicação ou execução do acordo[641]. No Brasil, a exceção inclui o conhecimento da ocorrência de crimes que ensejam uma ação pública[642].

Nesse sentido, a Lei de Mediação de Portugal passou a prever a exigência da realização de cursos de formação realizados por entidades certificadas pelo serviço do Ministério da Justiça para mediadores no exercício da profissão para a atividade privada, sendo que este requisito não é obrigatório para o sistema público e nem para os Julgados de Paz, que realizam o recrutamento de mediadores por concurso.[643] Essas entidades são regidas pela Portaria n.º 345/2013, de 27 de Novembro para obterem a certificação e controladas pela Direção-Geral da Política de Justiça.[644]

Jorge Morais Carvalho, João Pedro Pinto-Ferreira e Joana Campos Carvalho destacam que a Lei n.º 144/2015, de 8 de Setembro estabelece como requisito para os mediadores portugueses o conhecimento jurídico para

---

638 Artigo 784 do Código de Processo Civil. ANGHER, Anne Joyce [Org.] – *Vade Mecum*. Vol. 1..., p. 350-351.

639 Artigo 9.º da Lei n.º 29/2013, de 19 de Abril. LEI n.º 29/2013. *Diário da República I Série...*, p. 2278-2284.

640 Considerando as observações mencionadas no 3º capítulo no item que trata dos Princípios da Mediação.

641 Artigo 5.º, item 3 da Lei n.º 29/2013, de 19 de Abril. *Idem – Ibidem.*

642 Artigo 30 da Lei n.º 13.140/2015, de 26 de Junho. ANGHER, Anne Joyce [Org.] – *Vade Mecum*. Vol. 2..., p. 771.

643 Artigos 8º, item 1 e 24.º da Lei n.º 29/2013, de 19 de Abril. LEI n.º 29/2013. *Diário da República I Série...*, p. 2278-2284.

644 PORTARIA n.º 345/2013. *Diário da República I Série* [Em linha]. N.º 230 (27-11-2013). p. 6569-6572. [Consult. 14 Out. 2020]. Disponível em https://data.dre.pt/eli/port/345/2013/11/27/p/dre/pt/html.

a resolução do conflito de consumo[645], sendo que não houve esta orientação na Lei n.º 29/2013, de 19 de Abril.[646]

Angela Lopez menciona que atualmente o curso de formação em Portugal pode ser realizado como uma pós-graduação em universidade ou nas entidades de formação, tendo como requisito mínimo a graduação em um curso superior, que poderá ser, preferencialmente, em direito ou em psicologia, mas há mediadores licenciados em "[...] Sociologia, Serviço Social, Filosofia, Geografia e Arquitetura".[647]

Importante mencionar que há a figura do mediador do crédito em Portugal, criada pelo Decreto-Lei n.º 144/2009, de 17 de Junho, com a relevante finalidade de defender os direitos e os interesses de pessoas ou de entidades para garantir o acesso ao crédito no sistema financeiro, inclusive o habitacional. Além disso, apresenta atuação em banco, possui imparcialidade e independência no exercício de suas funções, porém não pode ser considerado um mediador nos moldes da Lei n.º 29/2013, de 19 de Abril, por ter o poder de emitir recomendações.[648]

Corroborando com tal posicionamento, Jorge Morais Carvalho enaltece que o procedimento de mediação adotado pelo mediador do crédito nos termos do Decreto-Lei n.º 144/2009, de 17 de Junho, não obedece os Princípios da Voluntariedade e da Confidencialidade[649], pois tanto o procedimento da mediação, quanto a qualificação do mediador são díspares do que determina a Lei de Mediação em relação à sua escolha, que será pelo Conselho de Ministros, com mandato de dois anos, além do próprio mediador estabelecer o procedimento que será adotado para a mediação.[650]

No Brasil, há uma seção para o mediador judicial no CPC, que elenca os princípios da independência, da imparcialidade, da autonomia da vontade,

---

645 Artigo 7.º, item 1 da Lei n.º 144/2015, de 8 de Setembro. LEI n.º 144/2015. *Diário da República I Série...*, p. 7251-7258.

646 CARVALHO, Jorge Morais; PINTO-FERREIRA, João Pedro; CARVALHO, Joana Campos - *Manual de Resolução...*, p. 171.

647 LOPEZ, Angela - *Reflexão sobre a Formação de Mediadores*. Coimbra: Mediarcom, 2009. ISBN 9789724411545. p. 105-106.

648 DECRETO-LEI n.º 144/2009. *Diário da República I Série...*, p. 3696-3698.

649 CARVALHO, Jorge Morais - As Entidades de Resolução Alternativa de Litígios de Consumo. *Themis...*, p. 446.

650 Artigos 1º, item 2; 2º e 5º, item 4 do Decreto-Lei n.º 144/2009, de 17 de Junho. DECRETO--LEI n.º 144/2009. *Diário da República I Série...*, p. 3696-3698.

da confidencialidade, da oralidade, da informalidade e da decisão informal.[651] Além do cadastro nacional e no respectivo Tribunal juntamente com o curso de capacitação realizado por uma entidade credenciada pelo CNJ, sendo graduado há dois anos em um curso superior[652]. Carlos Eduardo de Vasconcelos destaca que "[...] não sendo necessário seu registro em cadastro de mediadores do Tribunal ou de Câmara de Mediação aceita pelos Tribunais"[653]. Por outro lado, o mediador extrajudicial poderá ser "[...] qualquer pessoa capaz que tenha a confiança das partes e seja capacitada para fazer mediação, independentemente de integrar qualquer tipo de conselho, entidade de classe ou associação, ou nele inscrever-se"[654]. Além disso, será regido subsidiariamente[655] pelo CPC nas questões não tratadas pela Lei de Mediação.

Em relação aos impedimentos, a lei do Julgado de Paz estabelece que o mediador estará impedido de exercer a advocacia onde exerce a mediação.[656] Já a Lei de Mediação de Portugal estabelece a proibição de testemunhar, ser perito ou mandatário em qualquer causa que tenha mediado, mesmo que seja de forma indireta[657], que são os impedimentos resultantes do Princípio da Confidencialidade. No Brasil houve a inclusão do prazo de um ano na restrição para assessorar, representar ou patrocinar qualquer das partes e que será contado da última sessão de mediação realizada.

A Lei n.º 29/2013, de 19 de Abril[658] estabelece como dever que a atividade dos mediadores seja exercida nos moldes dos princípios éticos e deontológicos estabelecidos no Código Europeu de Conduta para Mediadores da Comissão Europeia, que visa dar credibilidade e confiança à

---

651 Artigo 166 do Código de Processo Civil. ANGHER, Anne Joyce [Org.] - *Vade Mecum*. Vol. 1..., p. 303.

652 Artigo 167 da Lei n.º 13.105/2015, de 16 de Março. *Idem - Ibidem.*

653 VASCONCELOS, Carlos Eduardo de - *Mediação de Conflitos e Práticas Restaurativas*. 4.ª ed. São Paulo: Método, 2015. ISBN 9788530964832. p. 115.

654 Artigo 9º da Lei n.º 13.140/2015, de 26 de Junho. ANGHER, Anne Joyce [Org.] - *Vade Mecum*. Vol. 2..., p. 770.

655 Artigo 175 da Lei n.º 13.105/2015, de 16 de Março. ANGHER, Anne Joyce [Org.] - *Vade Mecum*. Vol. 1..., p. 303.

656 Artigo 30.º, item 3 da Lei n.º 78/2001, de 13 de Julho. LEI n.º 78/2001. *Diário da República I Série...*, p. 4267-4274.

657 Artigo 28.º da Lei n.º 29/2013, de 19 de Abril. LEI n.º 29/2013. *Diário da República I Série...*, p. 2278-2284.

658 Artigo 26.º, alínea "k" da Lei n.º 29/2013, de 19 de Abril. *Idem - Ibidem.*

mediação. Nessa perspectiva, o Código trata da competência, da marcação, da confidencialidade, da independência e da imparcialidade como princípios, além de tratar do procedimento e dos honorários dos mediadores. [659]

No Brasil, a Resolução n.º 125/2010 do CNJ, de 29 de Novembro, estabelece no Anexo III o Código de Ética de Conciliadores e Mediadores Judiciais, que define os princípios, as garantias, as regras do procedimento da mediação, as responsabilidades e as sanções. Nesse sentido, os princípios englobam a "[...] confidencialidade, a decisão informada, a competência, a imparcialidade, a independência e autonomia, o respeito às ordens públicas e às leis vigentes, o empoderamento e a validação"[660], tendo semelhanças com os de Portugal. Ricardo Goretti acrescenta ainda os princípios da "[...] voluntariedade, da autoridade das partes, da não adversariedade ou não competitividade, da informalidade e da flexibilidade"[661] como implícitos.

[659] DIREÇÃO-GERAL da Política de Justiça DGPJ. *Código Europeu de Conduta para Mediadores* [Em linha]. [Consult. 14 Out. 2020]. Disponível em https://dgpj.justica.gov.pt/Portals/31/GRAL_Media%E7%E3o/Codigo_Europeu_Conduta_Mediadores_2014.pdf

[660] GORETTI, Ricardo – *Mediação e Acesso à Justiça...*, p. 208.

[661] *Idem – Op. Cit.* p. 211.

4. UTILIZAÇÃO DA MEDIAÇÃO *ON-LINE* COMO MEIO DE RESOLUÇÃO DE CONFLITOS NO ÂMBITO DO CONSUMO

A consagração da mediação como método de RAL para o consumidor solucionar seu conflito foi consolidada com o tempo em função das vantagens inerentes ao instituto. Nesse sentido, considerando o contexto mundial que assolou o mundo com o advento da pandemia causada pela doença COVID-19 novo coronavírus, o presente trabalho mencionará a realidade das experiências em Portugal e no Brasil diante de tal cenário.

Importante destacar que esta pandemia possui um histórico triste, em função das perdas dos entes queridos, amigos e colegas, bem como das mudanças drásticas que houve na vida de cada um para aprender a conviver com essa realidade e sobreviver a tudo isso. Após esse breve respeito ao acontecimento, em relação à RAL, a pandemia acelerou o uso das plataformas informáticas, que possibilitaram a realização das sessões de mediação por via eletrônica ou pelos meios de comunicação à distância, como a teleconferência, vídeochamada ou outro equivalente, para a resolução de litígios em Portugal e no Brasil, cujo trabalho continuou sendo executado conforme os requisitos de segurança sanitária, bem como os moldes do teletrabalho.

Outra consequência que houve com essa pandemia foi o aumento do consumo de produtos pela *internet* e concomitantemente os conflitos consumeristas. Assim, tanto em Portugal como no Brasil a população passou a utilizar os serviços disponibilizados em plataformas eletrônicas para a defesa do consumidor. Nesse sentido, o número de reclamações cresceu consideravelmente e, por isso, as agências tiveram que se adequarem rapidamente em virtude desse contexto para atenderem as demandas.

Porém, importante ressaltar o Princípio da Imediação, fundamental para o processo civil e penal, uma vez que trata sobre a valoração das provas para que sejam produzidas e examinadas em audiência[662]. Manuel Monteiro

---

[662] "Artigo 355.º. 1. Não valem em julgamento, nomeadamente para o efeito de formação da convicção do tribunal, quaisquer provas que não tiverem sido produzidas ou examinadas

Guedes Valente esclarece que "[...] procuram descobrir as provas reais, localizar e contactar as provas pessoais com o intuito de se promover a justiça com a descoberta da verdade, verdade esta que será a verdade dos factos"[663]. Acrescenta ainda que "A prova resultado, advinda tão-só de um processo/procedimento de conservação da sua identidade e autenticidade, não pode resumir-se a uma condição de meio retórico, mas assumir-se como entendimento final fundamentado num Direito e num proceder judiciário [...]"[664]. Diante desses apontamentos, merece a reflexão sobre o uso das plataformas para a realização das audiências *on-line*.

4.1. EXPERIÊNCIAS PORTUGUESAS

Antes de adentrar na experiência portuguesa, relevante mencionar que Portugal está na lista de países da Europa do Sul com taxa de eficiência elevada no funcionamento do Judiciário, sendo acima de 95% no Relatório da Comissão Europeia para a Eficiência da Justiça (CEPEJ) do Conselho da Europa, por ter solucionado mais processos judiciais em comparação com os novos na análise do biênio 2018-2020.[665] Além disso, Portugal encontra-se em 7º lugar dentre 27 países avaliados em relação à disponibilização de meios eletrônicos nos tribunais pelo *EU Justice Scoreboard*, tendo realizado

em audiência" do Decreto-Lei n.º 78/1987, de 17 de Fevereiro. DECRETO-LEI n.º 78/1987. *Diário da República I Série* [Em linha]. N.º 40 (17-02-1987). p. 617-699. [Consult. 10 Nov. 2022]. Disponível em https://data.dre.pt/eli/dec-lei/78/1987/p/cons/20220801/pt/html.

663 VALENTE, Manuel Monteiro Guedes – Revistas e Buscas: Que viagem queremos fazer? In *I Congresso de Processo Penal*. 2ª. ed. Coimbra: Editora Almedina, 2004. ISBN 9789724023907. p. 309.

664 VALENTE, Manuel Monteiro Guedes Valente – *Cadeia de Custódia da Prova*. 2.ª ed. Portugal: Editora Almedina, 2020. ISBN 9789724081915. p. 23.

665 COMISSÃO Europeia para a Eficiência da Justiça (CEPEJ). *Conselho da Europa* [Em linha]. [Consult. 11 Fev. 2021]. Disponível em https://www.coe.int/en/web/cepej/home/-/asset_publisher/CO8SnxIjXPeD/content/the-cepej-report-containing-the-figures-on-the-efficiency-of-the-functioning-of-judicial-systems-in-europe-has-been-published?inheritRedirect=false&redirect=https%3A%2F%2Fwww.coe.int%2Fen%2Fweb%2Fcepej%2Fhome%3Fp_p_id%3D101_INSTANCE_CO8SnxIjXPeD%26p_p_lifecycle%3D0%26p_p_state%3Dnormal%26p_p_mode%3Dview%26p_p_col_id%3Dcolumn-1%26p_p_col_count%3D9.

mais de 17 mil sessões judiciais por videoconferência entre abril e junho de 2020.[666]

Entretanto, os conflitos na seara do direito do consumidor possuem, geralmente, baixo valor e, por isso, a taxa de justiça, bem como o pagamento dos honorários advocatícios encarecem a resolução do litígio pelo sistema judiciário. Nesse sentido, é mais vantajoso para o consumidor as agências que oferecem o serviço de RAL pela mediação.

Nesse contexto, a Direção-Geral do Consumidor disponibiliza em seu *site* com fácil acesso aos interessados em obterem informações sobre os direitos do consumidor, as agências mais próximas da própria residência para realizar uma reclamação, além do acesso por contato telefônico, carta, correio eletrônico ou preenchimento do formulário eletrônico disponível na respectiva plataforma.[667]

Além disso, a Lei n.º 144/2015 de 8 de Setembro, trata dos mecanismos de resolução extrajudicial de litígios de consumo e determina que o procedimento RALC seja eficaz, disponível e acessível para os consumidores portugueses, inclusive na mediação por RLL (*on-line*) ou presencial, pois o local não interfere no procedimento da mediação.[668] Por isso, muitos Centros de Arbitragem passaram a realizar as sessões de mediação através de conferência eletrônica ou virtual por ter sido uma necessidade na pandemia da COVID-19.

Cumpre destacar que o Centro de Arbitragem da Universidade Autónoma de Lisboa continuou os próprios trabalhos na pandemia por teletrabalho, sendo que os casos eram apresentados por telefone ou por correio eletrônico ou no próprio *site* da agência. As sessões de mediação estavam sendo realizadas por *skype* ou presencialmente, obedecendo as regras sanitárias, quando não estiver em *lockdown*.[669] As outras entidades apresentam em destaque nos seus *sites* as formas de atendimentos que estão sendo oferecidas ao consumidor,

---

666 2020 EU Justice Scoreboard. *Comissão Europeia* [Em linha]. [Consult. 11 Fev. 2021]. Disponível em https://ec.europa.eu/commission/presscorner/detail/en/qanda_20_1315.

667 DIREÇÃO-GERAL do Consumidor. *Contatos* [Em linha]. [Consult. 11 Fev. 2021]. Disponível em https://www.consumidor.gov.pt/contactos1.aspx.

668 Artigo 10.º, item 1 da Lei n.º 144/2015, de 8 de Setembro. LEI n.º 144/2015. *Diário da República I Série...*, p. 7251-7258.

669 Informações obtidas no *site* do CAUAL. CENTRO de Arbitragem da Universidade Autónoma de Lisboa. *Mediação* [Em linha]. [Consult. 11 Fev. 2021]. Disponível em https://arbitragem.autonoma.pt/mediacao/.

o procedimento que deverá realizar para oferecer as reclamações, além dos atendimentos durante a pandemia.

Por fim, para elucidar o aumento das reclamações nas relações de consumo como consequência do crescimento das compras *on-line* chegou no patamar de 230% no mês de novembro/2020 juntamente com 6.500 reclamações. Em relação às reclamações bancárias subiram 12,5% no ano passado em comparação a 2,6% do ano anterior, e as compras de supermercado *on-line* foram 254%, sendo 3.214 queixas. A Associação Portuguesa para a Defesa do Consumidor registrou 396.767 reclamações no ano passado, sendo 53 mil a mais do que em 2019, cujo aumento foi de 16%.[670]

4.2. EXPERIÊNCIAS BRASILEIRAS

As experiências da mediação privada no Brasil não ocorrem como em Portugal e essa questão abrange vários vieses. O valor dos conflitos de consumo é baixo e, por isso, não compensa financeiramente para o consumidor solucionar tal desavença em uma Câmara Privada ou em uma Câmara de Mediação e Arbitragem Especializada.

Além disso, como já foi mencionado em tópicos anteriores, o Brasil oferece ao consumidor uma plataforma eletrônica pública e gratuita, bem como o atendimento pelos órgãos de defesa do consumidor, que abarca os Programas de Proteção e Defesa do Consumidor (Procon) Estaduais e Municipais, o Ministério Público e, por fim, os Juizados Especiais. Porém, é importante destacar que se não houver acordo no Procon e na plataforma denominada "*www.consumidor.gov*", o conflito culminará em uma ação judicial, seja no Juizado Especial Cível das Relações de Consumo ou no rito ordinário da primeira instância do Judiciário.

Diante de tais apontamentos, há 27 anos os juizados especiais brasileiros foram criados para exercerem uma nova justiça, órgão do Tribunal de Justiça do Estado com atribuições para as causas de menor complexidade, sendo menos burocratizada e mais célere para causas menos confusas, cujos

[670] *Jornal de Notícias* [Em linha]. [Consult. 11 Fev. 2021]. Disponível em https://www.tsf.pt/portugal/sociedade/deco-recebe-quase-400-mil-queixas-em-2020-pandemia-afetou-consumidores-13309353.html.

critérios são a oralidade, simplicidade, informalidade, economia processual e celeridade.[671]

Os Juizados Especiais Cíveis das Relações de Consumo foram criados com a finalidade de acelerar a prestação jurisdicional, porém os dados do CNJ[672] demonstram que houve um aumento significativo das demandas, sendo que em 2009[673] totalizaram 5.469.807 processos novos, já em 2018[674], este número aumentou para 6.796.649, e no ano de 2019[675] foram 9.244.937, desconsiderando as Turmas Recursais.

Importante ressaltar que a lei de mediação viabiliza as "[...] sessões de mediação pela internet ou outro meio de comunicação"[676] que permita a transação à distância, desde que as partes aceitem tal procedimento, o que resultou na pandemia a promulgação da Lei n.º 13.994/2020, de 24 de Abril[677], que possibilitou a realização das audiências *on-line*, que não comprometem o Princípio da Confidencialidade, uma vez que as gravações só ocorrem no momento da leitura da ata, que contém aspectos processuais como a presença de advogados, prepostos e testemunhas, bem como se

---

[671] Artigos 2º e 3º da Lei n.º 9.099/1995, de 26 de Setembro. ANGHER, Anne Joyce – *Vade Mecum*. Vol. 2..., p. 412.

[672] Os dados que foram indicados referem-se ao Juizados Especial Cível das Relações de Consumo do Estado de Minas Gerais. Contudo, caso seja interesse em saber sobre os outros 26 Estados Federados do Brasil, o link para o acesso ao Justiça em Números: https://www.cnj.jus.br/pesquisas-judiciarias/justica-em-numeros/.

[673] CONSELHO Nacional de Justiça – *Gestão Judiciária – Poder Judiciário em 2009* [Em linha]. [Consult. 12 Fev. 2021]. Disponível em https://paineis.cnj.jus.br/QvAJAXZfc/opendoc.htm?document=qvw_l%2FPainelCNJ.qvw&host=QVS%40neodimio03&anonymous=true&sheet=shResumoDespFT.

[674] CONSELHO Nacional de Justiça – *Gestão Judiciária – Poder Judiciário em 2018* [Em linha]. [Consult. 12 Fev. 2021]. Disponível em https://paineis.cnj.jus.br/QvAJAXZfc/opendoc.htm?document=qvw_l%2FPainelCNJ.qvw&host=QVS%40neodimio03&anonymous=true&sheet=shResumoDespFT.

[675] CONSELHO Nacional de Justiça – *Gestão Judiciária – Poder Judiciário em 2019* [Em linha]. [Consult. 12 Fev. 2021]. Disponível em https://paineis.cnj.jus.br/QvAJAXZfc/opendoc.htm?document=qvw_l%2FPainelCNJ.qvw&host=QVS%40neodimio03&anonymous=true&sheet=shResumoDespFT.

[676] Artigo 46 da Lei n.º 13.140/2015, de 26 de Junho. LEI n.º 13.140/2015. *Diário da União* [Em linha]. [Consult. 26 Out. 2022]. Disponível em http://www.planalto.gov.br/ccivil_03/_ato2015-2018/2015/lei/l13140.htm.

[677] LEI n.º 13.994/2020. *Diário da União* [Em linha]. [Consult. 26 Out. 2022]. Disponível em http://www.planalto.gov.br/ccivil_03/_ato2019-2022/2020/lei/l13994.htm.

houve ou não acordo entre as partes. A plataforma é utilizada apenas como meio que possibilita o diálogo entre as partes para que consigam chegar na autocomposição e, por isso, o que é dito e mostrado na audiência permanecerá em sigilo.

Corroborando com os dados apresentados, Kazuo Watanabe já afirmava que os juizados especiais "[...] começaram como uma forma de permitir acesso mais fácil à camada mais humilde da população [...] sendo utilizada, hoje, como uma forma de solucionar a crise da Justiça e não para facilitar o acesso à Justiça pela população mais humilde"[678]. Porém os dados do CNJ demonstram que as demandas aumentaram nos juizados especiais.

Outro avanço que houve foi com a implantação do "Juízo 100% Digital", que concede a possibilidade das partes terem acesso à justiça sem precisarem comparecer fisicamente nos fóruns e nos centros de conciliação, por "[...] todos os atos processuais serem praticados exclusivamente por meio eletrônico e remoto, pela internet"[679], como ocorre nos Centros Judiciários de Solução de Conflitos e Cidadania vinculados à Justiça Estadual e os Centros Judiciários de Conciliação vinculados à Justiça Federal. Tal como ocorre nos Juizados Especiais, as sessões de conciliação preservam o Princípio da Confidencialidade, sendo gravado apenas o momento da leitura da ata, que diz respeito à questão processual. Tanto que o resultado após 2 anos de implementação, o tempo médio de julgamento de processos eram de 2 anos e 4 meses, sendo que no modelo digital a média é de 3 a 5 meses aproximadamente[680].

O Procon do Estado de São Paulo teve 6.500 reclamações de janeiro até junho/2020[681]. Já o Procon do Estado de Minas Gerais teve 35% a mais de processos administrativos instaurados, tendo 3.280 reclamações de janeiro até abril/2020, sendo que no mesmo período do ano passado foram apenas

---

678 WATANABE, Kazuo – *Modalidade de Mediação...*, p. 45.

679 CONSELHO Nacional de Justiça – *Juízo 100% Digital* [Em linha]. [Consult. 26 Out. 2022]. Disponível em https://www.cnj.jus.br/wp-content/uploads/2020/10/WEB_cartilha_Juizo_100porcento_digital_v3.pdf.

680 CONSELHO Nacional de Justiça – *Juízo 100% Digital Reduz Tempo de Tramitação de Processos* [Em linha]. [Consult. 26 Out. 2022]. Disponível em https://www.cnj.jus.br/juizo-100-digital-reduz-tempo-de-tramitacao-de-processos/.

681 *PROCON SP* [Em linha]. [Consult. 12 Fev. 2021]. Disponível em https://www.procon.sp.gov.br/procon-sp-mais-de-6-500-reclamacoes-registradas-durante-a-pandemia/.

1.494[682]. O Procon do Estado do Rio de Janeiro inovou na pandemia ao criar um novo canal de comunicação com a população pelo *whatsApp*, rede social de mensagens instantâneas, administrado pela Ouvidoria do órgão, sendo que só no mês de março/2020 foram registradas 900 denúncias, contabilizando um crescimento de 150% em comparação ao ano anterior[683].

O Sistema Nacional de Informações de Defesa do Consumidor (Sindec) registrou 2.068.156 atendimentos no ano passado pelos 27 Procons Estaduais e 598 Procons Municipais, sendo 80,97% denúncias, com índice de solução administrativamente em 74,82%[684]. A estimativa do atendimento é de 216 mil consumidores nas 737 cidades brasileiras que oferecem este serviço[685].

Em relação à plataforma "*www.consumidor.gov.br*", que não substitui o Procon e nem o SAC, registrou no mês de janeiro/2019[686], 60.557 reclamações, sendo 30% a mais do que no ano anterior[687]. Tendo 131 empresas credenciadas, 555.168 usuários cadastrados, que totalizaram 780.179 reclamações, com 81% solucionadas com o prazo médio de 6,5 dias.[688]

---

682 *PROCON MG* [Em linha]. [Consult. 12 Fev. 2021]. Disponível em https://www.mpmg.mp.br/comunicacao/noticias/procon-mg-procura-a-orgao-de-defesa-por-consumidor-aumenta-210-durante-crise-da-covid-19.htm.

683 *PROCON RJ* [Em linha]. [Consult. 12 Fev. 2021]. Disponível em http://www.procon.rj.gov.br/index.php/publicacao/detalhar/4470.

684 *SINDEC – Secretaria Nacional do Consumidor* [Em linha]. [Consult. 12 Fev. 2021]. Disponível em https://sindecnacional.mj.gov.br/report/Atendimentos.

685 SINDEC – Secretaria Nacional do Consumidor. *Boletim 2019* [Em linha]. [Consult. 12 Fev. 2021]. p. 4. Disponível em https://www.defesadoconsumidor.gov.br/images/2020/Boletim_Sindec_2019.pdf.

686 O Boletim da plataforma dos anos anteriores está disponível neste link: https://www.defesadoconsumidor.gov.br/portal/biblioteca/100-boletins.

687 *JUSTIÇA e Segurança Pública* [Em linha]. [Consult. 12 Fev. 2021]. Disponível em https://www.justica.gov.br/news/collective-nitf-content-1551466308.51#:~:text=A%20plataforma%20%C3%A9%20um%20instrumento,o%20n%C3%BAmero%20foi%20de%2047.004.

688 CONSUMIDOR em Números 2016. *Ministério da Justiça* [Em linha]. [Consult. 20 Fev. 2021]. Disponível em https://www.defesadoconsumidor.gov.br/images/2020/Consumidor-em-nmeros---2019.pdf.

CONCLUSÃO

Diante do aumento do número de processos judicializados, efeito da cultura da litigiosidade, em decorrência dos conflitos nas relações humanas, sendo incluídas as de consumo, o panorama da "crise da administração da justiça" instalou-se em Portugal, no Brasil e em vários outros países, com uma tutela jurisdicional não efetiva, dispondo de uma taxa de justiça e um valor de honorários advocatícios altos, o que acarretam um custo processual elevado.

Na busca por uma solução rápida, eficaz e menos onerosa, os meios extrajudiciais de solução de litígios surgiram na tentativa de "salvar" essa crise no Judiciário. Nesse viés, houve a criação do Sistema Multiportas que manifesta o uso adequado do melhor método alternativo para a solução do conflito e que pode ser por meio da negociação, conciliação, mediação ou arbitragem. Assim, os métodos autocompositivos passaram a ser utilizados tanto no Judiciário como extrajudicialmente, sendo que apenas a conciliação e a mediação são praticadas no trâmite judicial.

Nesse contexto, a evolução histórica em Portugal revelou que em 1999 já havia o Decreto-Lei n.º 146/1999, de 4 de Maio que regulava a criação e o funcionamento das agências privadas de RALC. Entretanto, com o aumento significativo dos conflitos transfronteiriços, principalmente em decorrência do comércio eletrônico como consequência da formação do bloco econômico da UE, foi publicada a Diretiva n.º 2008/52/CE do Parlamento Europeu e do Conselho, de 21 de Maio de 2008, que consagrou a mediação na norma comunitária, tendo ainda a definição do Código de Conduta Europeu para Mediadores, intitulado "Livro Verde". Além disso, houve a criação e implementação da Rede Europeia Extrajudicial (EEJ-net) que passou a ser ECC-net, que em Portugal está no Centro Europeu do Consumidor da Direção-Geral do Consumidor, porém não foi tão utilizada pelos portugueses, entretanto tal procedimento foi o adotado pela plataforma brasileira denominada "*www.consumidor.gov.br*", que tem gerado bons resultados aos consumidores brasileiros.

Assim, a problemática existente na UE e em Portugal era em relação aos conflitos transfronteiriços, que foi minimizada pela Diretiva n.º 2013/11/UE, de 21 de maio de 2013 juntamente com o Regulamento n.º 524/2013, do Parlamento Europeu e do Conselho, de 21 de Maio de 2013. Houve a criação da plataforma pan europeia de resolução de conflitos em linha RLL, como resultado da promulgação de tais normas comunitárias, que acarretou credibilidade por parte dos consumidores em relação à mediação pela via extrajudicial na Europa e em Portugal. Diante deste cenário, Portugal editou a Lei n.º 29/2013, de 19 de Abril que passou a reger o regime jurídico da mediação civil e comercial, bem como a Lei n.º 144/2015, de 8 de Setembro que trata da RAC e da plataforma eletrônica de resolução de conflitos em linhas, visando a autocomposição privada.

Já o panorama legislativo brasileiro iniciou-se na Carta Constitucional do Império em 1824, resultado das Ordenações Filipinas, que previa o Juiz de Paz para executar a mediação, entretanto não houve efetividade tal figura na realidade brasileira. Até que o CNJ editou a Resolução n.º 125/2010, de 29 de Novembro, que inovou com a implantação da mediação e da conciliação como meios alternativos ao Judiciário nas resoluções dos conflitos com a criação dos Centros Judiciários de Solução de Conflitos e Cidadania pelos Núcleos Permanentes de Métodos Consensuais de Solução de Conflitos em decorrência da Política Nacional de Tratamento Adequado dos Conflitos, sem mencionar sobre a utilização da mediação extrajudicial.

Houve ainda no Brasil o incentivo à autocomposição pelo CPC antes e durante o andamento da ação judicial. Entretanto, todos esses incentivos foram principalmente para o Judiciário, uma vez que o próprio código já determinava lei específica para dispor sobre a mediação extrajudicial. Há previsão no CPC das Câmaras Privada de Conciliação e Mediação, entretanto a solução do conflito realizado por elas fica mais oneroso para o consumidor, que possui outros meios mais acessíveis.

Nessa perspectiva, enquanto Portugal fomentou a criação de agências públicas e privadas para solucionarem os conflitos de consumo pela mediação, no Brasil o panorama foi bem diferente e, por isso, o presente trabalho teve que mostrar a realidade brasileira verificada nas pesquisas realizadas, tendo que incluir o Judiciário, bem como os órgãos públicos que oferecem serviços que visam a tutela do direito do consumidor com a abertura de processos administrativos em face do fornecedor de produtos ou prestador de serviços realizados pelos Procons, tendo ainda a plataforma eletrônica "*www.consumidor.gov.br*" que aplica a negociação e os próprios Juizados Especiais Cíveis de Relações de Consumo.

Já em relação à defesa dos direitos do consumidor, o Brasil foi o precursor com a elaboração do Código de Proteção e Defesa do Consumidor, que completou 32 anos de vigência. Tanto em Portugal como no Brasil a intervenção estatal é necessária em razão do desequilíbrio existente na relação do consumidor com o fornecedor/empresa/prestador/grupo econômico. O direito do consumidor é uma norma de ordem pública, indisponível e inafastável, considerada por muitos doutrinadores portugueses e brasileiros como um microssistema com características públicas e privadas, sendo multidisciplinar com os outros ramos do direito.

Como dito, Portugal e Brasil adotaram a medição não obrigatória para o consumidor, sendo a do tipo facilitadora ou assistencial, cuja intervenção do mediador é mínima e apenas para facilitar o diálogo entre as partes. A promulgação das Leis de Mediação de cada país possibilitou a efetivação do uso deste método como RAL, porém Portugal foi bem além nessa seara, porque a mediação passa a ter destaque como RALC nas agências portuguesas criadas com tal finalidade, pois houve uma mudança de paradigma com a evolução histórica ocorrida em Portugal para que as próprias partes construíssem a solução do respectivo conflito com o auxílio do mediador imparcial, independente e sem interesse no conflito. A partir disso, constatou-se que ocorreu certa atenção por parte da UE e de Portugal para que os conflitos de consumo fossem solucionados com eficácia, rapidez e baixo custo, diante dos resultados positivos que a implementação da mediação estava ocasionando. Nesse sentido, houve estruturação e coordenação das agências, sendo que se o conflito não for resolvido pela mediação, na própria agência será aplicada a arbitragem para solucionar a questão. Entretanto, no Brasil, as Câmaras Privadas ou Câmaras de Mediação e Arbitragem Especializada não tiveram tanto êxito em decorrência do elevado custo na realização do procedimento, uma vez que há órgãos públicos e inclusive o Judiciário, por meio dos Juizados Especiais Cíveis das Relações de Consumo, que solucionam tais demandas com baixo custo.

Diante dessa constatação no direito comparado, há ainda a análise da utilização da mediação *on-line* na pandemia causada pela doença COVID-19 novo coronavírus, que proporcionou certa evolução dos serviços oferecidos para os consumidores solucionarem seus conflitos que passaram a ser *on-line* ou por contato telefônico, sendo que nesse atual contexto passou a ser ainda mais procurado. Nesse sentido, a divulgação nos *sites* dos órgãos públicos sobre os direitos do consumidor começou a ser mais evidente e bem explicada a forma como realizar a reclamação. No *site* da Direção-Geral do Consumidor está disponibilizada a informação sobre a agência mais próxima e o *link* de acesso para o consumidor português. Já no Brasil, os órgãos públicos que defendem o direito do consumidor também oferecem as informações necessárias ao consumidor pelo próprio *site*. Assim, a mediação *on-line* passou a ser utilizada nos dois países, porém no Brasil pelo Judiciário, enquanto que em Portugal, pelas próprias agências, sendo esta a diferença fundamental que demonstra a burocratização e a necessidade dos consumidores brasileiros de recorrerem ao Judiciário para solucionarem suas demandas consumeristas, o que acarreta um grande impacto social e econômico para o próprio país, que perde com essa falta de estruturação e fomento ao uso da mediação extrajudicial por agências.

À luz de tais apontamentos, a mediação é um meio RALC eficaz e menos oneroso, sendo que para o seu êxito é imperativo o Princípio da Confidencialidade e da Boa-fé das partes neste procedimento e, por isso este método oferece muitas vantagens ao consumidor, que poderá solucionar o conflito de forma célere. Entretanto, se não houver acordo na mediação extrajudicial, as partes terminarão no Judiciário, sendo este o ponto burocrático, porque em obediência ao Princípio da Voluntariedade, as empresas não são obrigadas a aceitarem a mediação e nem de realizarem um acordo e esta é a realidade portuguesa e brasileira. Entretanto, Portugal está bem à frente do Brasil no desenvolvimento do uso do método da mediação em agências de forma extrajudicial.

BIBLIOGRAFIA

1. Monografias, obras coletivas e artigos

ALMEIDA, Tania [org.] – *Mediação de Conflitos: para iniciantes, praticantes e docentes.* 2.ª ed. Salvador: JusPodivm, 2019. ISBN 978854422694-0. p. 46, 49, 51.

ALVIM, Arruda – *Direito Comercial, coleção de estudos e pareceres.* São Paulo: Revista dos Tribunais, 1985. ISBN 9788520321645. p. 173.

AMARAL JÚNIOR, Alberto do – A boa-fé e o controle das cláusulas contratuais abusivas nas relações de consumo. *Revista do Direito do Consumidor.* São Paulo: Revista dos Tribunais. ISSN 1415-7705. Vol. 6. (Abr. 1993), p.23-33.

AMARAL, Guilherme Rizzo – *Comentários às alterações do novo CPC.* São Paulo: Thompson Reuters, 2015. ISBN 8520368425. p. 112.

ANDRADE, Gustavo Henrique Baptista – A Mediação e os meios alternativos de resolução de conflitos. *Revista Fórum de Direito Civil.* Belo Horizonte: Fórum. ISSN 2238-9695. Ano 3, n.º 5, (Abril 2014), p. 93-108.

ANGHER, Anne Joyce [Org.] – *Vade Mecum.* Vol. 1. São Paulo: Rideel, 2019. ISBN 978-85-339-5442-7. p. 23, 25, 26, 53, 77, 100, 288, 300-303, 309, 316-319, 330-331, 344, 350-352, 648-649, 651, 654-655, 657-658.

___ – *Vade Mecum.* Vol. 2. São Paulo: Rideel, 2019. ISBN 9788533954434. p. 264, 319, 344, 412, 769, 770, 771, 773.

ARISTÓTELES – *Ética a Nicômaco.* 6.ª ed. São Paulo: Martin Claret, 2013. ISBN 9788572324304. p. 99.

ASCENSÃO, José de Oliveira – *Direito Civil: Teoria Geral.* Vol. II. 2.ª ed. Coimbra: Editora Coimbra, 2003. ISBN 9789723211528. p. 319.

AZEVEDO, André Gomma de [Org.] – *Manual de Mediação Judicial.* 7.ª ed. Brasília: Grupo de Pesquisa, 2018. ISBN 9781387217984. p. 52, 167, 261, 264.

BAHAMONDE, Ruben – Os Princípios Estruturantes da Mediação em Portugal. *Galileu – Revista de Direito e Economia.* Lisboa: Universidade Autónoma de Lisboa. ISSN 2184-1845. Vol. XIX (Jul. 2018), p. 131-154.

BARBOSA, Águida Arruda – Estado da Arte da Mediação Familiar Interdisciplinar no Brasil. *Revista Brasileira de Direito de Família.* Porto Alegre: Lex Magister. ISSN 2358-3223. N.º 40 (Mar. 2007), p. 140-151.

___ – *Construção dos Fundamentos Teóricos e Prático do Código de Família Brasileiro.* São Paulo: Universidade de São Paulo, 2007. 153 f. Tese de Doutoramento em Direito.

____- *Mediação Familiar interdisciplinar.* São Paulo: Atlas, 2015. ISBN 978852249936-6. p. 12, 41.

BARBOSA, Ivan Machado – Estudos em arbitragem, mediação e negociação. In *Fórum de múltiplas portas: uma proposta de aprimoramento processual.* Vol. 2. Brasília: Grupos de Pesquisa, 2003. ISBN 85-89929-02-7. p. 248.

BARBOSA, Rui – *Oração aos Moços.* 5.ª ed. Rio de Janeiro: Edições Casa Rui Barbosa, 1999. ISBN 9788552800583. p. 26.

BARONA, Silvia; ESPLUGUES, Carlos – *ADR mechanisms and their incorporation into global justice in the twenty-first century: some concepts and trends.* Cambridge: Intersentia, 2014. ISBN 9781780681199. p. 41.

BARROCAS, Manuel Pereira – *Manual de Arbitragem.* 2.ª ed. Coimbra: Editora Almedina, 2013. ISBN 978-9724039831. p. 68, 78.

BENJAMIN, Antônio Herman de Vasconcellos e – *O Código Brasileiro de Proteção do Consumidor.* Rio de Janeiro: Forense Universitária, 1992. p. 3.

BENJAMIN, Antônio Herman V.; MARQUES, Cláudia Lima; BESSA, Leonardo Roscoe – *Manual de Direito do Consumidor.* 2.ª ed. São Paulo: Revista dos Tribunais, 2009. ISBN 9788520342862. p. 117.

BESSA, Leonardo Roscoe – *Aplicação do Código de Defesa do Consumidor: análise crítica da relação de consumo.* Brasília: Brasília Jurídica, 2007. ISBN 9788520335086. p. 40.

BESSA, Leonardo Roscoe; MOURA, Walter José Faiad de – *Manual de Direito do Consumidor.* 4.ª ed. Brasília: Escola Nacional de Defesa do Consumidor, 2014. ISBN 9788585820688. p. 27.

BLOCH, Roberto D.; IGLESIAS, Daniel O. – *Solución de controversias en el Mercosur.* Buenos Aires: Ad Hoc, 1995. ISBN 9789508940216. p. 52.

BROWN, Henry J.; MARRIOT, Arthur L. – *ADR Principles and Practice.* Londres: Sweet & Maxwell, 2012. ISBN 9780421579606. p. 130, 131, 154.

BUENO, André da Silva – *O conceito de justa medida em Confúcio e Aristóteles.* Rio de Janeiro: Universidade Gama Filho, 2005. 124 f. Tese de Doutoramento em Filosofia.

CABRAL, Antonio do Passo; CUNHA, Leonardo Carneiro da – Negociação direta ou resolução colaborativa de disputas (*collaborative law*): "mediação sem mediador". *Revista de Processo.* São Paulo: Revista dos Tribunais. ISSN 1980-7791. Vol. 259 (Set. 2016), p. 471-489.

CABRAL, Trícia Navarro Xavier; CURY, Cesar Felipe [Org.] – *Lei de Mediação comentada artigo por artigo: dedicado à memória da Prof.ª Ada Pellegrini Grinover.* São Paulo: Editora Foco, 2018. ISBN 9788582423158. p. 9-11.

CAHALI, Francisco José – *Curso de arbitragem: mediação, conciliação – Resolução CNJ 125/2010.* 5.ª ed. São Paulo: Revista dos Tribunais, 2015. ISBN 9788520372531. p. 104-105.

CAMPOS, Luís Melo – *Mediação de Conflitos: Enquadramentos Institucionais e Posturas Epistemológicas*. Coimbra: Mediarcom, 2009. ISBN 978-972-789-263-9. p. 185.

CAPPELLETTI, Mauro – Os Métodos Alternativos de solução de conflito no quadro do movimento universal de acesso à justiça. *Revista de Processo*. São Paulo: Editora Revista dos Tribunais. ISSN 0100-1981. Ano 19, n.º 74 (Abr. 1994), p. 83-97.

CARNELUTTI, Francesco – *Instituições do Processo Civil*. Vol. 2. São Paulo: Classic Book, 2000. ISBN 8587484044. p. 75.

CARVALHO, Jorge Morais – *Manual de Direito de Consumo*. 4.ª ed. Coimbra: Editora Almedina, 2017. ISBN 978-9724078335. p. 27.

___ – A Consagração Legal da Mediação em Portugal. *Revista Julgar*. Editora Coimbra: Associação Sindical dos Juízes Portugueses. ISSN 2184-6200. N.º 15 (Set. 2011), p. 271-290.

___ – As Entidades de Resolução Alternativa de Litígios de Consumo. *Themis*. Coimbra: Editora Almedina. ISSN 2182-9438. N.º 6 (Outubro 2018), p. 427-452.

___ – Reflexão sobre a Arbitragem e a Mediação de Consumo na Lei de Defesa do Consumidor – A Lei n.º 63/2019, de 16 de Agosto. *Revista Internacional de Arbitragem e Conciliação*. Coimbra: Associação Portuguesa de Arbitragem. ISSN 1647-192X. N.º 13 (Maio 2020), p. 9-35.

CARVALHO, Jorge Morais; GOUVEIA, Mariana França [Org.] – Introdução. In *Conflitos de Consumo*. Coimbra: Editora Almedina, 2006. ISBN 978-9724027661. p. 14.

___ – Conflitos de Consumo. In *A Experiência da UMAC na Mediação de Conflitos de Consumo*. Coimbra: Editora Almedina, 2006. ISBN 978-9724027661. p. 36.

CARVALHO, Jorge Morais; PINTO-FERREIRA, João Pedro; CARVALHO, Joana Campos – *Manual de Resolução Alternativa de Litígios de Consumo*. Coimbra: Editora Almedina, 2017. ISBN 978-972-40-7203-6. p. 16, 24, 68, 72, 81, 107, 108, 118, 119, 129, 152, 170, 171, 225, 226, 228.

CAVALIERI FILHO, Sergio – *Programa de Direito do Consumidor*. 5.ª ed. São Paulo: Atlas, 2019. ISBN 9788597022407. p. 19.

CEBOLA, Cátia Marques – *Resolução Extrajudicial de Litígios – Um novo caminho, a costumada justiça*. Coimbra: editora Coimbra, 2008. ISBN 978-65-87719-05-4. p. 67.

___ – A Mediação Pré-judicial em Portugal: Análise do Novo Regime Jurídico. *Revista da Ordem dos Advogados*. Lisboa: Ordem dos Advogados. ISSN 0870-8118. Ano 70, n.º I-IV (Jan. 2010). p. 441-459.

___ – Da admissibilidade de meios extrajudiciais de resolução de conflitos em matéria ambiental e urbanística – experiências presentes, possibilidades futuras. *RevCEDOUA*. Coimbra: Revista do Centro de Estudos de Direito do Ordenamento, do Urbanismo e do Ambiente. ISSN 0874-1093. Ano XIII, n.º 25 (Jan. 2010), p. 65-84.

___ – Mediação e Arbitragem de Conflitos de Consumo: Panorama português. *Revista Portuguesa de Direito do Consumo – RPDC*. Coimbra: Associação Portuguesa de Direito de Consumo. ISSN 0873-9773. N.º 70 (Jun. 2012), p. 13-49.

___ – *La Mediación*. Madrid: Marcial Pons, 2013. ISBN 9788415664413. p. 67, 190, 201, 220.

___ – Serviços Públicos Essenciais e Conflitos de Consumo: os tribunais arbitrais necessários. *Revista Luso-Brasileira de Direito do Consumo*. Curitiba: Editora Bonijuris. Vol. III, n.º 12 (Dez. 2013), p. 135-146.

___ – ADR 3.0 @ Resolução *Online* de Conflitos de Consumo em Portugal. *Revista Luso-Brasileira de Direito de Consumo*. ISSN 2237-1168. Vol. VI, n.º 22 (Jun. 2016), p. 65-93.

CONSELHO Nacional de Justiça – *Guia de Conciliação e Mediação Judicial: orientação para instalação de CEJUSC* [Em linha]. Brasília: Conselho Nacional de Justiça. [Consult. 21 Fev. 2021]. Disponível em https://www.cnj.jus.br/wp-content/uploads/2015/06/1818cc2847ca50273fd110eafdb8ed05.pdf.

CORDEIRO, António Manuel da Rocha e Menezes – *Da boa fé no Direito Civil*. Coimbra: Editora Almedina, 2001. ISBN 9789724010113. p. 260.

CORTÉS, Pablo; LODDER, Arno R. – Resolução de Disputas do Consumidor *Online*: Reflexões sobre a Evolução de Lei Europeia para Reparação fora do Tribunal. *Jornal Europeu Maastricht e Lei Comparativa*. Holanda: Universidade de Maastricht. ISSN 2399-5548. N.º 1 (Jan. 2014), p. 14-38.

CORTEZ, Francisco – A Arbitragem Voluntária em Portugal: dos ricos homens aos tribunais privados (conclusão). *O Direito*. Lisboa: Editora Almedina. Ano 124, n.º IV (Dez. 1992), p. 365-404.

COSTA, José de Faria – Diversão (Desjudiciarização) e Mediação: que rumos? In *Separata do Vol. LXI do Boletim da Faculdade de Direito da Universidade de Coimbra*. Coimbra: Universidade de Coimbra, 1986. ISBN 972-97584-8-4. p. 12-13.

CREUTZELDT, Naomi – Implementação da Diretiva ADR do Consumidor. *Revista de Direito Europeu do Consumidor e Mercado – EuCML*. Amsterdã: Universidade Visão de Futuro Westminster. ISSN 2364-4710. Ano 5, n.º 4 (Fev. 2016), p. 161-192.

CRUZ, Rossana Martingo – *Mediação Familiar: Limites Materiais dos Acordos e o seu Controlo pelas Autoridades*. Coimbra: editora Coimbra, 2011. ISBN 9789723218886. p. 32.

DIEZ, Francisco; TAPIA, Gchi – *Herramientas para trabajar en mediación*. Buenos Aires: Paidós, 2010. ISBN 9501287092. p. 53.

D'OLIVEIRA, Maria Christina Barreiros – Breve Análise do Princípio da Isonomia. *Revista Processus de Estudos de Gestão, Jurídicos e Financeiros*. Brasília: Instituto Processus de Cultura e Aperfeiçoamento Jurídico. ISSN 2178-2008. Ano 1, vol. I, n.º 1 (Mar. 2010), p. 22-32.

DUARTE, Paulo – A Chamada Arbitragem Necessária de Litígios de Consumo no Domínio dos Serviços Públicos Essenciais: âmbito, natureza e aspectos processuais. *Centro de Direito de Consumo.* Coimbra: Faculdade de Direito. ISSN 1646-0375. N.º 21 (Set. 2016), p. 452-469.

FERREIRA, Jaime Octávio Cardona – *Julgados de paz – organização, competência e funcionamento.* Coimbra: Editora Coimbra, 2001. ISBN 978-972-40-8093-2. p. 70.

___ – *Justiça de Paz – Julgados de Paz.* Coimbra: Editora Coimbra, 2005. ISBN 9789723213676. p. 46-51.

___ – *Julgados de Paz.* 2.ª ed. Coimbra: Editora Coimbra, 2011. ISBN 978-972-40-8093-2. p. 135.

FILOMENO, José Geraldo Brito – *Direitos do Consumidor.* 15.ª ed. São Paulo: Atlas, 2018. ISBN 9788597017052. p. 283.

FROTA, Mário – Os Mecanismos Alternativos de Resolução de Litígios de Consumo: imperativo europeu, seus reflexos em Portugal. *Revista Portuguesa de Direito do Consumo – RPDC.* Coimbra: Associação Portuguesa de Direito de Consumo. ISSN 0873-9773. N.º 86 (Jun. 2016), p. 61-136.

GARCIA, Leonardo de Medeiros – *Código de Defesa do Consumidor Comentado Artigo por Artigo.* Salvador: Juspodivm, 2016. ISBN 978-8544211687. p. 640.

___ – *Código de Defesa do Consumidor: doutrina e jurisprudência para atualização profissional.* 2.ª ed. Salvador: Juspodivm, 2020. ISBN 9788544226049. p. 2.

GONÇALVES, Pedro Costa – Arbitragem e Regulação (a arbitrabilidade dos conflitos regulatórios). *Revista Internacional de Arbitragem e Conciliação.* Coimbra: Editora Almedina, 2014. ISSN 1982-9957. Vol. VII, n.º 13 (Dez. 2014), p. 65-86.

GONÇALVES, Vinícius José Corrêa – *Tribunais multiportas: pela efetivação dos direitos fundamentais de acesso à justiça e à razoável duração do processo.* Juruá: Curitiba, 2014. ISBN 978853624682-6. p. 190.

GORETTI, Ricardo – *Mediação e Acesso à Justiça.* Bahia: Juspodivm, 2017. ISBN 9788544212226. p. 26, 68, 174-175, 194, 208, 211.

GOUVEIA, Mariana França – Mediação e Processo Civil. *Cadernos de Direito Privado.* Braga: CEJUR – Centro de Estudos Jurídicos do Minho. ISSN 1645-7242. N.º 1 (Dez. 2010), p. 24-44.

___ – *Curso de Resolução Alternativa de Litígios.* 3.ª ed. Coimbra: Editora Almedina, 2019. ISBN 978-972-40-5570-1. p. 17, 48, 53-54, 57, 69, 318.

GOUVEIA, Mariana França; GAROUPA, Nuno; MAGALHÃES, Pedro – *Justiça Económica em Portugal – Factos e Números.* Lisboa: Editora Almedina, 2013. ISBN 9789898424938. p. 215-220.

GRINOVER, Ada Pellegrini – Da Desconsideração da Pessoa Jurídica – Aspectos de Direito Material e Processual. *Revista Jurídica do Ministério Público do Estado de Minas Gerais.* Belo Horizonte: De Jure. ISSN 2316-6959. Vol. 6 (Maio 2006), p. 53-68.

GRINOVER, Ada Pellegrini; [Et. al.] – *Código Brasileiro de Defesa do Consumidor: comentado pelos autores do anteprojeto.* 9.ª ed. Rio de Janeiro: Forense Universitária, 2007. ISBN 9788530982164. p. 7, 10, 795-796.

GUNTHER, Luiz Eduardo [Org.] – *Manual Elementar de Mediação e Conciliação Judicial.* Curitiba: Escola Judicial Tribunal Regional do Trabalho da 9ª Região, 2013. p. 36.

JERÓNIMO, Maria Adelina Gonçalves – Reflexão sobre a Constitucionalidade da Mediação Pré-Processual Obrigatória. *Revista Electrónica de Direito* [Em linha]. N.º 2, Vol. 16 (2018), p. 112-127. [Consult. 29 Set. 2020]. Disponível em https://cije.up.pt//client/files/0000000001/6_588.pdf.

LEITÃO, Luís Manuel Teles Menezes – *O Direito do Consumo: autonomização e configuração dogmática.* Vol. I. Coimbra: Editora Almedina, 2002. ISBN 9789724016818. p. 13-14.

LIMA, Ticiani Garbellini Barbosa; BENEVIDES, Jonatas Ribeiro – O Desafio do Acesso à Justiça no Brasil e a comparação no Direito Português. *Revista do Curso de Direito Juspopulis.* São Paulo: Faculdade de Barretos. ISSN: 2358-8160. N.º 3 (Dez. 2017), p. 115-128.

LISBOA, Roberto Senise – *Responsabilidade Civil nas Relações de Consumo.* São Paulo: Revista dos Tribunais, 2001. ISBN 9788520329511. p. 37.

LIZ, Jorge Pegado – *Justiças Alternativas.* Lisboa: Observare – Universidade Autónoma de Lisboa, 2004. ISBN 989-619-020-8. p. 1-7.

LOOS, Marco B. M. – Aplicação dos direitos do consumidor através de ADR em detrimento do direito do consumidor. *Revista Europeia de Direito Privado.* Amsterdã: Faculdade de Direito Privado. ISSN 0928-9801. N.º 24 (2016). p. 61-79.

LOPES, Ana Raquel Correia – *A Diretiva Comunitária 2008/52/CE relativa a certos aspectos da mediação em matéria civil e comercial: a sua transposição par ao ordenamento jurídico português e uma perspectiva de direito comparado.* Coimbra: Universidade de Coimbra, 2014. 63 f. 2º Ciclo de Estudos em Direito.

LOPEZ, Angela – *Reflexão sobre a Formação de Mediadores.* Coimbra: Mediarcom, 2009. ISBN 9789724411545. p. 105-106.

LOPES, Dulce; PATRÃO, Afonso – *Lei da Mediação Comentada.* Coimbra: Editora Almedina, 2016. ISBN 978-972-40-6755-1. p. 7, 10, 15, 29-31, 58, 61, 62, 68, 71, 112, 126, 134, 140-142, 149-150, 153.

MARQUES, Cláudia Lima – *Contratos no código de defesa do consumidor.* 4.ª ed. São Paulo: Revista dos Tribunais, 2002. ISBN 9788520322505. p. 263, 320, 322-323.

___ – *Manual de Direito do Consumidor.* 3.ª ed. São Paulo: Revista dos Tribunais, 2010. ISBN 9788520334324. p. 45, 99, 111-112.

MARQUES, Cláudia Lima; BENJAMIN, António Herman; BESSA, Leonardo Roscoe – *Manual de Direito do Consumidor.* 3.ª ed. São Paulo: Revista dos Tribunais, 2017. ISBN 978-8520373682. p. 31-41.

MARQUES, João Paulo Remédio Marques – *Acção Declarativa à Luz do Código Revisto*. 3.ª ed. Coimbra: editora Coimbra, 2011. ISBN 9789723219043. p. 45.

MARTINS, Pedro Morais – *Meios Alternativos de Resolução de Litígios*. Lisboa: Ministérios da Justiça, 2004. p. 133.

MATA, Frederico Bueno de – *Meditación crítica sobre la mediación como alternativa a la jurisdicción*. Santiago de Compostela: Andavira, 2011. ISBN 9788490455715. p. 97.

MEDEIROS, Lúcia Maria de – *O Direito do Consumidor. Estudo dos Princípios na Perspectiva do Código Brasileiro de Defesa do Consumidor*. Coimbra: Universidade de Coimbra, 2019. 133 f. Dissertação de Mestrado em Direito.

MESTRE, Alexandre Miguel – *Mediação: um 'parente pobre' no novo Tribunal Arbitral do Desporto?* Coimbra: Editora Almedina, 2015. ISBN 9789724062273. p. 65-99.

MIRAGEM, Bruno – *Curso de Direito do Consumidor*. 6ª ed. São Paulo: Revista dos Tribunais, 2016. ISBN 9788520368541. p. 130.

MONTE, Mario Ferreira – *Da Proteção Penal do Consumidor: o problema da (des) criminação no incitamento ao consumo*. Coimbra: Editora Almedina, 1996. ISBN 9789723223057. p. 82.

MONTEIRO, António Pedro Pinto – Da Ordem Pública no Processo Arbitral. In *Estudos em Homenagem ao Prof. Doutor José Lebre de Freitas*. Coimbra: Editora Coimbra, 2013. ISBN 0000-0001-8743-1011. p. 670.

MONTEIRO, António Pedro Pinto – *O Princípio da Igualdade e a Pluralidade de Partes na Arbitragem: os Problemas na Constituição do Tribunal Arbitral*. Coimbra: Editora Almedina, 2017. 425 f. Tese de Doutoramento na especialidade de Direito Processual.

MONTEIRO, António Pinto – *O Direito do Consumidor em Portugal*. Coimbra: Centro de Direito do Consumo, 2002. ISBN 972-32-1325-7. p. 131, 140.

___ – A Defesa do Consumidor no limiar do século XXI. *Studia Iuridica*. Coimbra: Boletim da Faculdade de Direito de Coimbra. ISSN 0769-3362. N.º 73 (Ago. 2003), p. 35-47.

___ – *Sobre o Direito do Consumidor em Portugal e o Anteprojeto do Código do Consumidor*. Coimbra: Editora Almedina, 2006. p. 49

___ – O Anteprojecto do Código do Consumidor. *Revista de Legislação e de Jurisprudência*. ISSN 0870-8487. Ano 135, n.º 3937 (Mar. 2006), p. 190-196.

MOORE, Christopher W. – *O processo de mediação: estratégias práticas para a resolução de conflitos*. 2.ª ed. Porto Alegre: Artmed, 1998. ISBN 9781118304303. p. 22, 68.

MORAES, Paulo Valério Dal Pai – *Código de Defesa do Consumidor – O princípio da vulnerabilidade no contrato, na publicidade e nas demais práticas comerciais – interpretação sistemática do Direito*. 3.ª ed. Porto Alegre: Livraria do Advogado, 2009. ISBN 9788573485974. p. 152.

MOSER, Luiz Gustavo Meira; FERREIRA, Gonçalo da Cunha – Conflitos no âmbito da propriedade intelectual e a via da mediação. *Revista de Arbitragem e Mediação*.

São Paulo: Revista dos Tribunais. ISSN 1679-6462. Vol. 40, ano 11 (Jan. 2014), p. 313-324.

NOLAN-HALEY, Jacqueline – Mediation: the best and worst of times. *Jornal Cardozo de Resolução de Conflitos*. Vol. 16. (2015), p. 731-740.

PASSINHAS, Sandra – Alterações recentes no âmbito da resolução alternativa de litígios de consumo. In *O Contrato na gestão do risco e na garantia da equidade*. Coimbra: Universidade de Coimbra, 2015. ISBN 9789898787439. p. 377.

PEDROSO, João; CRUZ, Cristina – *A Arbitragem Institucional: Um Novo Modelo de Administração da Justiça – O Caso dos Conflitos de Consumo*. Coimbra: Centro de Estudos Sociais da Faculdade de Economia da Universidade de Coimbra, 2000. ISBN 9724019799. p. 143.

PEDROSO, João; TRINCÃO, Catarina; DIAS, João Paulo – *Percurso da informalização e da desjudicialização – por caminhos da reforma da administração da justiça (análise comparada)*. Coimbra: Universidade de Coimbra, 2001. ISBN 972-32-1176-9. p. 41, 117.

PEREIRA, Albertina – A Mediação e a (Nova) Conciliação. In *Resolução Alternativa de Litígios*. Lisboa: Agora Publicações, 2006. p. 194

PEREIRA, Patrícia da Guia – A Adequação dos Meios de Resolução Alternativa, e Especial da Mediação, aos Conflitos de Consumo. In *Mediation and Consensus Building: The New Tools for Empowering Citizens in the European Union*. Coimbra: Mediarcom-Minerva, 2009. ISBN 978-972-798-289-9. p. 195-196.

RIBAS, Lídia Maria; GOUVEIA, Jorge Bacelar – Os Conflitos nas Sociedades Brasileira e Portuguesa do Século XXI: assunção de mecanismos alternativos de solução. *Themis*. Lisboa: Revista da Faculdade de Direito da UNL. Ano XVI, n.º 28/29 (2015), p. 7-20.

RIZZATTO, Luiz António Nunes – *Comentários ao código de defesa do consumidor*. 6.ª ed. São Paulo: Saraiva, 2011. ISBN 9788502118836. p. 292-293.

RODRIGUES JÚNIOR, Walsir Edson – *A prática da mediação e o acesso à justiça*. Belo Horizonte: Del Rey, 2007. ISBN 9788573088182. p. 179.

ROSS, Graham – The Possible Unintended Consequences of the European Directive on Alternative Dispute Resolution and the Regulation on Online Dispute Resolution. *Revista Democracia Digital e Governo Eletrônico*. [s. l.]: Fundação Boiteux. ISSN 2175-9391. Vol. 1, n.º 10 (2014), p. 217-218.

ROSSI, Jorge Oscar – Derecho del Consumidor: Ámbito de Aplicación, Documento de Venta y Garantía Legal, a la Luz de la Reforma de la Ley 26.361. In *La Reforma del Régimen de Defensa del Consumidor por Ley 26.361*. Buenos Aires: AbeledoPerrot, 2009. ISBN 978-987-03-3758-4. p. 23.

SALES, Lilia Maia de Morais – *Justiça e Mediação de Conflitos*. Belo Horizonte: Del Rey, 2004. ISBN 9788573086737. p. 23-24.

SANTANA, Héctor Valverde – Proteção Internacional do Consumidor: necessidade de harmonização da legislação. *Revista de Direito Internacional.* Brasília: Uniceub. ISSN 2237-1036. Vol. 11, n.º 1 (2014), p. 54-66.

SANTOS, Artur Jorge Costa dos – *A Mediação Penal e o Princípio da Oportunidade* [Em linha]. Lisboa: Universidade Autónoma de Lisboa, 2012. 137 f. Dissertação de Mestrado em Ciências Jurídico-Criminais. [Consult. 25 Jul. 2020]. Disponível em http://repositorio.ual.pt/bitstream/11144/159/1/Disserta%c3%a7%c3%a3o%2c %20Artur%20Santos.pdf.

SANTOS, Boaventura de Sousa – Introdução à Sociologia da Administração da Justiça. *Revista Crítica de Ciências Sociais.* Coimbra: Faculdade de Economia de Coimbra. N.º 21 (Nov. 1986), p. 11-37.

SCARPELLINI, Márcio [Coord.] – *Tabela de Honorários: Advogado valorizado em Minas e no Brasil.* Belo Horizonte: OAB Minas Gerais, 2015. p. 43.

SILVA, Juliana Pereira da [Coord.] – *Manual de Direito do Consumidor.* 4.ª ed. Brasília: Escola Nacional de Defesa do Consumidor, 2014. ISBN 9788585820688. p. 35-36, 77, 83.

SILVA, Paula Costa e – O acesso ao sistema judicial e os meios alternativos de soluções de controvérsias: alternatividade efectiva e complementariedade. *Revista de Processo.* São Paulo: Revista dos Tribunais. ISSN 0100-1981. Ano 33, n.º 158 (Abril 2008), p. 93-106.

____ – *A nova face da justiça: os meios extrajudiciais de resolução de controvérsias.* Coimbra: Editora Coimbra, 2009. ISBN 9789723217513. p. 19, 71.

SIMAC, Srdan – Advocacia e Mediação. In *A Mediação em Acção.* Coimbra: Mediarcom, 2009. ISBN 978-972-798-263-9. p. 61-65.

TARTUCE, Flávio; NEVES, Daniel Amorim Assumpção – *Manual do Direito do Consumidor: direito material e processual.* 7.ª ed. Rio de Janeiro: editora Forense, 2018. ISBN 9788530978426. p. 4, 38, 545.

TENREIRO, Mário – O Consumidor como Artesão de um Novo Paradigma Político. In *Estudos de Direito do Consumo – Homenagem a Manuel Cabeçadas Ataíde Ferreira.* [s.l.]: DECO, 2016. ISBN 978-989-066-3. p. 406.

THEODORO JÚNIOR, Humberto – *Direitos do Consumidor.* 9.ª ed. Rio de Janeiro: Forense, 2017. ISBN 9788530935719. p. 11, 59-60.

VALENTE, Manuel Monteiro Guedes – Revistas e Buscas: Que viagem queremos fazer? In *I Congresso de Processo Penal.* 2ª. ed. Coimbra: Editora Almedina, 2004. ISBN 9789724023907. p. 309.

____ – *Cadeia de Custódia da Prova.* 2.ª ed. Portugal: Editora Almedina, 2020. ISBN 9789724081915. p. 23.

VARGAS, Lúcia Fátima Barreira Dias – *Julgados de Paz e Mediação: uma nova face da justiça.* Coimbra: Editora Almedina, 2006. ISBN 9789724028910. p. 55.

VASCONCELOS, Carlos Eduardo de – *Mediação de Conflitos e Práticas Restaurativas.* 4.ª ed. São Paulo: Método, 2015. ISBN 9788530964832. p. 115.

VAZ, Paulo Afonso Brum – Primeiros comentários à Lei nº 13.140/2015 (marco regulatório da mediação/conciliação): imbricação com o NCPC e enfoque para os processos da Justiça Federal. *Revista de Doutrina do TRF 4ª Região* [Em linha]. Porto Alegre: Escola da Magistratura. (Out. 2015). p. 55-67. [Consult. 19 Fev. 2021]. Disponível em https://www.trf4.jus.br/trf4/controlador.php?acao=noticia_visualizar&id_noticia=11421

VEZZULA, Juan Carlos – *Mediação – Teoria e Prática: Guia para Utilizadores e Profissionais.* Lisboa: DGAE – Ministério da Justiça de Portugal, 2004. ISBN 9789729758485. p. 83.

VIANA, Fernando Manuel Martins – *A Resolução Alternativa de Litígios e as Tecnologias de Informação e Comunicação.* Braga: Universidade do Minho, 2015. 148 f. Dissertação de Mestrado em Direito e em Informática.

VICENTE, Dário Moura – *A Diretiva sobre a Mediação em Matéria Civil e Comercial e a sua Transposição para a Ordem Jurídica Portuguesa.* Vol. III. Coimbra: Editora Almedina, 2010. ISBN 978-972-40-4148-3. p. 100, 113.

WARAT, Luis Alberto – *O ofício do mediador.* Vol. 1. Florianópolis: Habitus, 2001. ISBN 8588283069. p. 192.

WATANABE, Kazuo – *Modalidade de Mediação.* Brasília: Centro de Estudos Judiciários, 2003. ISBN 858557271X. p. 44, 45, 49.

____ – A política judiciária nacional de tratamento adequado dos conflitos de interesses. In *Estudos avançados de mediação e arbitragem.* Rio de Janeiro: Campus Jurídico, 2014. ISBN 978-85-5505-390-0. p. 3

2. Legislação

CARTA dos Direitos Fundamentais da União Europeia. *Jornal Oficial das Comunidades Europeias* [Em linha]. N.º 364 C (18-12-2000). p. 1-22. [Consult. 9 Maio 2020]. Disponível em http://www.europarl.europa.eu/charter/pdf/text_pt.pdf.

COMISSÃO Europeia para a Eficiência da Justiça (CEPEJ). *Conselho da Europa* [Em linha]. [Consult. 11 Fev. 2021]. Disponível em https://www.coe.int/en/web/cepej/home/-/asset_publisher/CO8SnxIjXPeD/content/the-cepej-report-containing-the-figures-on-the-efficiency-of-the-functioning-of-judicial-systems-in-europe-has-been-published?inheritRedirect=false&redirect=https%3A%2F%2Fwww.coe.int%2Fen%2Fweb%2Fcepej%2Fhome%3Fp_p_id%3D101_INSTANCE_CO8SnxIjXPeD%26p_p_lifecycle%3D0%26p_p_state%3Dnormal%26p_p_mode%3Dview%26p_p_col_id%3Dcolumn-1%26p_p_col_count%3D9.

CONSTITUIÇÃO da República Portuguesa: Lei Constitucional n.º 1-2005, de 12 de Agosto. 4.ª ed. – Coimbra: Editora Almedina, 2017. ISBN 978-972-40-6867-1.

CONVENÇÃO Europeia dos Direitos dos Homens. *Tribunal Europeu dos Direitos do Homem* [Em linha]. [Consult. 7 Maio 2020]. Disponível em https://www.echr.coe.int/documents/convention_por.pdf.

DECRETO n.º 2.181/1997. *Planalto* [Em linha]. (20-03-1997). [Consult. 3 Dez. 2020]. Disponível em http://www.planalto.gov.br/ccivil_03/decreto/d2181.htm.

DECRETO n.º 6.523/2008. *Planalto* [Em linha]. [Consult. 18 Fev.2021]. Disponível em http://www.planalto.gov.br/ccivil_03/_Ato2007-2010/2008/Decreto/D6523.htm.

DECRETO n.º 8.573/2015. *Planalto* [Em linha]. (19-11-2015). [Consult. 1 Fev. 2021]. Disponível em http://www.planalto.gov.br/ccivil_03/_ato2015-2018/2015/decreto/D8573.htm.

DECRETO-LEI n.º 314/1978. *Diário da República I Série* [Em linha]. N.º 248 (27-10-1978). p. 2256-2281. [Consult. 14 Jul. 2020]. Disponível em https://dre.pt/web/guest/pesquisa/-/search/327823/details/normal?p_p_auth=mp5oS0aP.

DECRETO-LEI n.º 78/1987. *Diário da República I Série* [Em linha]. N.º 40 (17-02-1987). p. 617-699. [Consult. 10 Nov. 2022]. Disponível em https://data.dre.pt/eli/dec-lei/78/1987/p/cons/20220801/pt/html.

DECRETO-LEI n.º 195/1993. *Diário da República I Série A* [Em linha]. N.º 120 (24-05-1993). p. 2848-2852. [Consult. 6 Ago. 2020]. Disponível em https://dre.pt/application/conteudo/283525.

DECRETO-LEI n.º 146/1999. *Diário da República I Série* [Em linha]. N.º 103 (04-05-1999). p. 2352-2354. [Consult. 11 Jul. 2020]. Disponível em https://data.dre.pt/eli/dec-lei/146/1999/05/04/p/dre/pt/html.

DECRETO-LEI n.º 486/1999. *Diário da República I Série* [Em linha]. N.º 265 (13-11-1999). p. 7968-8040. [Consult. 14 Jul. 2020]. Disponível em https://dre.pt/pesquisa/-/search/682983/details/maximized.

DECRETO-LEI n.º 97/2002. *Diário da República I Série A* [Em linha]. N.º 86 (12-04-2002). p. 3571- 3585. [Consult. 26 Jun. 2020]. Disponível em https://data.dre.pt/eli/dec-lei/97/2002/04/12/p/dre/pt/html.

DECRETO-LEI n.º 144/2009. *Diário da República I Série* [Em linha]. N.º 115 (17-06-2009). p. 3696-3698. [Consult. 26 Jun. 2020]. Disponível em https://data.dre.pt/eli/dec-lei/144/2009/06/17/p/dre/pt/html.

DECRETO-LEI n.º 60/2011. *Diário da República I Série* [Em linha]. N.º 88 (06-05-2011). p. 2584-2586. [Consult. 17 Jun. 2020]. Disponível em https://data.dre.pt/eli/dec-lei/60/2011/05/06/p/dre/pt/html.

DECRETO-LEI n.º 1/2015. *Diário da República I Série A* [Em linha]. N.º 3 (06-01-2015). p. 18-31. [Consult. 26 Jun. 2020]. Disponível em https://data.dre.pt/eli/dec-lei/1/2015/01/06/p/dre/pt/html.

DECRETO-LEI n.º 5/2015. *Diário da República I Série* [Em linha]. N.º 5 (08-01-2015). p. 225-237. [Consult. 26 Jun. 2020]. Disponível em https://data.dre.pt/eli/dec-lei/5/2015/01/08/p/dre/pt/html.

DECRETO-LEI n.º 39/2015. *Diário da República I Série A* [Em linha]. N.º 52 (16-03-2015). p. 1559-1573. [Consult. 15 Set. 2020]. Disponível em https://dre.pt/application/file/a/66761354.

DECRETO-LEI n.º 144/2019. *Diário da República I Série* [Em linha]. N.º 182 (23-09-2019). p. 2-264. [Consult. 27 Jan. 2020]. Disponível em https://data.dre.pt/eli/dec-lei/144/2019/09/23/p/dre.

DECRETO-LEI n.º 84/2021. *Diário da República I Série* [Em linha]. N.º 202 (18-10-2021). p. 4-29. [Consult. 16 Nov. 2022]. Disponível em https://data.dre.pt/eli/dec-lei/84/2021/10/18/p/dre/pt/html.

DESPACHO n.º 8.294. *Diário da República II Série* [Em linha]. N.º 225 (29-09-1997). p. 11.979. [Consult. 21 Jun. 2020]. Disponível em https://dre.pt/web/guest/analisejuridica/-/aj/30704564/dadosGeraisDetails/normal.

DESPACHO 18.778/2007. *Diário da República II Série* [Em linha]. N.º 161 (22-08-2007). p. 24051-24052. [Consult. 21 Fev. 2021]. Disponível em https://dre.pt/web/guest/pesquisa/-/search/3046940/details/normal?q=18778%2F2007.

DIRETIVA 2000/31/CE do Parlamento Europeu e do Conselho. *EUR-Lex Jornal Oficial da União Europeia* [Em linha]. N.º 178 L (17/07/2000). p. 1-16. [Consult. 7 Maio 2020]. Disponível em http://data.europa.eu/eli/dir/2000/31/oj.

DIRETIVA 2008/52/CE do Parlamento Europeu e do Conselho. *Jornal Oficial da União Europeia* [Em linha]. N.º 136 L (21-05-2008). p. 3-8. [Consult. 7 Maio 2020]. Disponível em https://eur-lex.europa.eu/LexUriServ/LexUriServ.do?uri=OJ:L:2008:136:0003:0008:PT:PDF.

DIRETIVA 2013/11/EU. *EUR-Lex Jornal Oficial da União Europeia* [Em linha]. N.º 165 L (18-06-2013). p. 63-79. [Consult. 20 Out. 2020]. Disponível em https://eur-lex.europa.eu/legal-content/PT/TXT/PDF/?uri=CELEX:32013L0011&from=MT.

DIRETIVA 2020/1828/CE do Parlamento Europeu e do Conselho. *Jornal Oficial da União Europeia* [Em linha]. N.º 409 L (25-11-2020). p. 1-27. [Consult. 16 Nov. 2022]. Disponível em http://data.europa.eu/eli/dir/2020/1828/oj.

2020 EU Justice Scoreboard. *Comissão Europeia* [Em linha]. [Consult. 11 Fev. 2021]. Disponível em https://ec.europa.eu/commission/presscorner/detail/en/qanda_20_1315.

LEI n.º 47.344/1966. *Diário da República I* [Em linha]. N.º 274 (25-11-1966). p. 1883-2086.

LEI n.º 86/1976. *Diário da República I Série* [Em linha]. N.º 86 (10-04-1976). p. 738-775. [Consult. 9 Nov. 2020]. Disponível em https://dre.pt/legislacao-consolidada/-/lc/34520775/view.

LEI n.º 65/1978. *Diário da República I Série* [Em linha]. N.º 236 (13-10-1973). p. 2119-2145. [Consult. 9 Maio 2020]. Disponível em https://dre.pt/pesquisa/-/search/328440/details/maximized.

LEI n.º 29/1981. *Diário da República I Série* [Em linha]. N.º 192 (22-08-1981). p. 2179-2182. [Consult. 6 Ago. 2020]. Disponível em https://dre.pt/application/conteudo/575922.

LEI Constitucional n.º 1/1982. *Diário da República I Série* [Em linha]. N.º 227 (30-09-1982). p. 3135-3206. [Consult. 29 Jan. 2020]. Disponível em https://dre.pt/pesquisa/-/search/375254/details/maximized.

LEI n.º 23/1996. *Diário da República I Série* [Em linha]. N.º 172 (26-07-1996). p. 2108-2109. [Consult. 19 Mar. 2021]. Disponível em https://data.dre.pt/eli/lei/23/1996/07/26/p/dre/pt/html.

LEI n.º 24/1996. *Diário da República I Série* [Em linha]. N.º 176 (31-07-1996). p. 2184-2189. [Consult. 28 Jan. 2020]. Disponível em https://data.dre.pt/eli/lei/24/1996/07/31/p/dre/pt/html.

LEI n.º 133/1999. *Diário da República I Série* [Em linha]. N.º 201 (28-08-1990). p. 5943-5945. [Consult. 14 Jul. 2020]. Disponível em https://dre.pt/pesquisa/-/search/532453/details/maximized.

LEI n.º 78/2001. *Diário da República I Série* [Em linha]. N.º 161 (13-07-2001). p. 4267-4274. [Consult. 24 Jul. 2020]. Disponível em https://dre.pt/pesquisa/-/search/388220/details/maximized.

LEI n.º 34/2004. *Diário da República I Série* [Em linha]. N.º 177 (29-07-2004). p. 4802-4810. [Consult. 21 Dez. 2020]. Disponível em https://data.dre.pt/eli/lei/34/2004/07/29/p/dre/pt/html.

LEI N.º 21/2007. *Diário da República I Série* [Em linha]. N.º 112 (12-06-2007). p. 3798-3801. [Consult. 25 Jul. 2020]. Disponível em https://dre.pt/pesquisa/-/search/639130/details/maximized.

LEI n.º 29/2009. *Diário da República I Série* [Em linha]. N.º 123 (29-06-2009). p. 4192-4208. [Consult. 8 Maio 2020]. Disponível em https://data.dre.pt/eli/lei/29/2009/06/29/p/dre/pt/html.

LEI n.º 63/2011. *Diário da República I Série* [Em linha]. N.º 238 (14-12-2011). p. 5276-5289. [Consult. 15 Jan. 2020]. Disponível em https://data.dre.pt/eli/lei/63/2011/12/14/p/dre/pt/html.

LEI n.º 23/2013. *Diário da República I Série* [Em linha]. N.º 45 (05-03-2013). p. 1220-1235. [Consult. 27 Jul. 2020]. Disponível em https://dre.pt/pesquisa/-/search/259267/details/maximized.

LEI n.º 29/2013. *Diário da República I Série* [Em linha]. N.º 77 (19-04-2013). p. 2278-2284. [Consult. 9 Maio 2020]. Disponível em https://data.dre.pt/eli/lei/29/2013/04/19/p/dre/pt/html.

LEI n.º 41/2013. *Diário da República I Série* [Em linha]. N.º 121 (26-06-2013). p. 3518-3665. [Consult. 25 Jun. 2020]. Disponível em https://data.dre.pt/eli/lei/41/2013/p/cons/20190913/pt/htm.

LEI n.º 67/2013. *Diário da República I Série* [Em linha]. N.º 165 (28-08-2013). p. 5184-5196. [Consult. 25 Jun. 2020]. Disponível em https://data.dre.pt/eli/lei/67/2013/08/28/p/dre/pt/html.

LEI n.º 10/2014. *Diário da República I Série A* [Em linha]. N.º 46 (06-03-2014). p. 1733-1746. [Consult. 15 Set. 2020]. Disponível em https://data.dre.pt/eli/lei/10/2014/03/06/p/dre/pt/html.

LEI n.º 13.140/2015. *Diário da União* [Em linha]. [Consult. 26 Out. 2022]. Disponível em http://www.planalto.gov.br/ccivil_03/_ato2015-2018/2015/lei/l13140.htm.

LEI n.º 144/2015. *Diário da República I Série* [Em linha]. N.º 175 (08-09-2015). p. 7251-7258. [Consult. 17 Jun. 2020]. Disponível em https://data.dre.pt/eli/lei/144/2015/09/08/p/dre/pt/html.

LEI n.º 35/2018. *Diário da República I Série* [Em linha]. N.º 139 (20-07-2018). p. 3272-3665. [Consult. 14 Jul. 2020]. Disponível em https://data.dre.pt/eli/lei/35/2018/07/20/p/dre/pt/html.

LEI n.º 117/2019. *Diário da República I Série* [Em linha]. N.º 176 (13-09-2019). p. 36-65. [Consult. 27 Jan. 2020]. Disponível em https://data.dre.pt/eli/lei/117/2019/09/13/p/dre.

LEI n.º 4A/2020. *Diário da República I Série* [Em linha]. N.º 68 (06-04-2020). p. 35(3)-35(6). [Consult. 19 Fev. 2021]. Disponível em https://data.dre.pt/eli/lei/4-A/2020/04/06/p/dre.

LEI n.º 13.994/2020. *Diário da União* [Em linha]. [Consult. 26 Out. 2022]. Disponível em http://www.planalto.gov.br/ccivil_03/_ato2019-2022/2020/lei/l13994.htm.

PARLAMENTO Europeu. *Conselho Europeu de Tempere* [Em linha]. [Consult. 27 Ago. 2020]. Disponível em http://www.europarl.europa.eu/summits/tam_pt.htm.

PORTARIA n.º 203/2011. *Diário da República I Série* [Em linha]. N.º 98 (20-05-2011). p. 2883-2883. [Consult. 27 Ago. 2020]. Disponível em https://dre.pt/pesquisa/-/search/287776/details/maximized.

PORTARIA n.º 345/2013. *Diário da República I Série* [Em linha]. N.º 230 (27-11-2013). p. 6569-6572. [Consult. 14 Out. 2020]. Disponível em https://data.dre.pt/eli/port/345/2013/11/27/p/dre/pt/html.

PORTARIA n.º 345. *Conselho Nacional de Justiça* [Em linha]. (8-10-2020). [Consult. 8 Nov. 2020]. Disponível em https://atos.cnj.jus.br/files/original17550020201 0145f873b7482503.pdf.

PRESIDÊNCIA do Conselho de Ministros. *Proposta da Lei n.º 116/XII* [Em linha]. [Consult. 30 Out. 2020]. (22.11.2012). p. 5. Disponível em https://www.parlamento.pt/ActividadeParlamentar/Paginas/DetalheIniciativa.aspx?BID=37369.

RECOMENDAÇÃO 98/257/CE da Comissão das Comunidades Europeias. *EUR-Lex Jornal Oficial da União Europeia* [Em linha]. N.º 115 L (17-04-1998). p. 31-34. [Consult. 7 Maio 2020]. Disponível em http://data.europa.eu/eli/reco/1998/257/oj.

RECOMENDAÇÃO 2001/310/CE da Comissão das Comunidades Europeias. *EUR-Lex Jornal Oficial da União Europeia* [Em linha]. N.º 109 L (19-04-2001). p. 56-61. [Consult. 7 Maio 2020]. Disponível em http://data.europa.eu/eli/reco/2001/310/oj.

REGULAMENTO n.º 524/2013. *Jornal Oficial da União Europeia* [Em linha]. N.º 165 L (18/06/2013). p. 1-12. [Consult. 24 Jan. 2020]. Disponível em https://eur-lex.europa.eu/legal-content/PT/TXT/PDF/?uri=CELEX:32013R0524&from=EN.

RESOLUÇÃO n.º 125/2010. *Conselho Nacional de Justiça* [Em linha]. p. 1-10. [Consult. 21 Fev. 2021]. Disponível em https://www.cnj.jus.br/wp-content/uploads/2014/04/resolucao_125_29112010_23042014190818.pdf.

RESOLUÇÃO do Conselho. *Jornal Oficial das Comunidades Europeias* [Em linha]. N.º C 92/1 (14-04-75), p. 65-80. [Consult. 27 Jul. 2020]. Disponível em https://op.europa.eu/pt/publication-detail/-/publication/26d73eca-e878-4d14-8d1b-0c6fdc73b323/language-pt.

RESOLUÇÃO do Conselho. *Jornal Oficial das Comunidades Europeias* [Em linha]. N.º C 133/1 (19-05-81), p. 6-16. [Consult. 28 Jul. 2020]. Disponível em https://op.europa.eu/pt/publication-detail/-/publication/df7dfa0f-913f-4685-b0a0-69ba1f25db04/language-pt/format-PDF/source-search.

RESOLUÇÃO do Conselho. *Jornal Oficial das Comunidades Europeias* [Em linha]. N.º C 167/1 (23-06-86), p. 1-2. [Consult. 28 Jul. 2020]. Disponível em https://op.europa.eu/pt/publication-detail/-/publication/5b985977-11ae-4174-9fad-c30b7c3d6340/language-pt/format-PDF/source-search.

RESOLUÇÃO do Conselho de Ministros n.º 18/2001. *Diário da República I Série B* [Em linha]. N.º 44 (21-02-2001). p. 940-940. [Consult. 3 Ago. 2020]. Disponível em https://data.dre.pt/eli/resolconsmin/18/2001/02/21/p/dre/pt/html.

SENADO Federal. *Projeto de Lei do Senado n.º 517/2011* [Em linha]. [Consult. 19 Fev. 2021]. Disponível em https://legis.senado.leg.br/sdleg-getter/documento?dm=3415140&ts=1594025424538&disposition=inline.

TRATADO sobre o Funcionamento da União Europeia. *Jornal Oficial da União Europeia* [Em linha]. N.º 202 (07-06-2016). p. 47-199. [Consult. 29 Jan. 2020]. Disponível em https://eur-lex.europa.eu/resource.html?uri=cellar:9e8d52e1-2c70-11e6-b497-01aa75ed71a1.0019.01/DOC_3&format=PDF.

TRATADO da União Europeia. *Conselho das Comunidade Europeias* [Em linha]. Luxemburgo. (07 Fev. 1992), p. 1-264. [Consult. 24 Jan. 2020]. Disponível em https://europa.eu/european-union/sites/europaeu/files/docs/body/treaty_on_european_union_pt.pdf.

3. Jurisprudências e decisões

Portugal

ABREU, Oliveira relat. – Acórdão do *Supremo Tribunal de Justiça* com número 1066/14.1T8PDL.L1.S1, de 17 de Outubro de 2019 [Em linha]. [Consult. 17 Mar. 2021]. Disponível em http://www.dgsi.pt/jstj.nsf/954f0ce6ad9dd8b980256b5f003fa814/3e2a2bc59fa9b83f80258496005c5518?OpenDocument&Highlight=0,consumidor.

OLIVEIRA, Nuno Manuel Pinto relat. – Acórdão do *Supremo Tribunal de Justiça* com número 4288/16.7T8FNC.L1.S2, de 10 de Dezembro de 2019 [Em linha]. [Consult. 17 Mar. 2021]. Disponível em http://www.dgsi.pt/jstj.nsf/954f0ce6ad9dd8b980256b5f003fa814/2ee84c911d0934f3802584cd003bc766?OpenDocument&Highlight=0,consumidor.

REGO, Lopes do relat. – Acórdão do *Supremo Tribunal de Justiça* com número 1961/13.5TVLSB.L1.S1, de 4 de Maio de 2017 [Em linha]. [Consult. 17 Mar. 2021]. Disponível em http://www.dgsi.pt/jstj.nsf/954f0ce6ad9dd8b980256b5f003fa814/4ca953f4de03e9d6802581170053fb5b?OpenDocument.

Brasil

ANDRIGHI, Nancy relat. – Acórdão do *Superior Tribunal de Justiça* com o número 1876630, de 11 de Março de 2021 [Em linha]. [Consult. 17 Mar. 2021]. Disponível em https://scon.stj.jus.br/SCON/GetInteiroTeorDoAcordao?num_registro=202001255040&dt_publicacao=11/03/2021.

ANDRIGHI, Nancy relat. – Acórdão do *Superior Tribunal de Justiça* com o número 1846108, de 5 de Fevereiro de 2021 [Em linha]. [Consult. 17 Mar. 2021]. Disponível em https://scon.stj.jus.br/SCON/GetInteiroTeorDoAcordao?num_registro=201902172835&dt_publicacao=05/02/2021.

BELLIZZE, Marco Aurélio relat. – Acórdão do *Superior Tribunal de Justiça* com o número 1591803, de 12 de Fevereiro de 2021 [Em linha]. [Consult. 17 Mar. 2021]. Disponível em https://scon.stj.jus.br/SCON/GetInteiroTeorDoAcordao?num_registro=201902900031&dt_publicacao=12/02/2021.

BENJAMIN, Herman relat. – Acórdão do *Superior Tribunal de Justiça* com o número 586.316, de 19 de Março de 2009 [Em linha]. [Consult. 17 Mar. 2021]. Disponível em https://www.stj.jus.br/websecstj/cgi/revista/REJ.cgi/ITA?seq=683195&tipo=0&nreg=200301612085&SeqCgrmaSessao=&CodOrgaoJgdr=&dt=20090319&formato=PDF&salvar=false.

CORDOVIL, Maria Dolores Giovani juíza – Sentença do Juizado Especial Cível, Criminal e da Fazenda Pública da Comarca de Belo Horizonte/MG com o número

9050444.08.2019.813.0024, de 5 de Setembro de 2019 [Em linha]. [Consult. 20 Out. 2020]. Disponível em http://www.tjmg.jus.br/data/files/DE/14/62/70/68F3D610796871D6A04E08A8/Sentenca%20Jesp.pdf.

PELUSO, Cezar relat. – Acórdão do *Supremo Tribunal Federal* com o número 3.367-1, de 13 de Abril de 2005 [Em linha]. [Consult. 09 Set. 2020]. Disponível em http://redir.stf.jus.br/paginadorpub/paginador.jsp?docTP=AC&docID=363371.

4. Documentos

CENTRO de Arbitragem da Universidade Autónoma de Lisboa. *Mediação*. [Consult. 11 Fev. 2021]. Disponível em https://arbitragem.autonoma.pt/mediacao/.

CENTRO Europeu do Consumidor ECC-Net. *Resolução de Litígios em Linha (RLL)* [Em linha]. [Consult. 02 Jun. 2020]. Disponível em https://cec.consumidor.pt/topicos1/resolucao-de-conflitos-/resolucao-de-litigios-em-linha.aspx.

CIAB – Tribunal Arbitral de Consumo. Competência [Em linha]. [Consult. 19 Mar. 2021]. Disponível em https://www.ciab.pt/pt/competencias-ciab.

COMISSÃO do Mercado de Valores Mobiliários – CMVM. *A FIN-NET* [Em linha]. [Consult. 03 Ago. 2020]. Disponível em https://www.cmvm.pt/pt/AreadoInvestidor/Informa%C3%A7%C3%A3oInvestidor/Fin-net/Pages/fin-net.aspx.

CONSELHO dos Julgados de Paz [Em linha]. [Consult. 28 Jan. 2020]. Disponível em http://www.conselhodosjulgadosdepaz.com.pt/ficheiros/Estatisticas/2019/CJP_2019-10.pdf.

CONSELHO Nacional de Justiça – *Gestão Judiciária – Poder Judiciário em 2009* [Em linha]. [Consult. 12 Fev. 2021]. Disponível em https://paineis.cnj.jus.br/QvAJAXZfc/opendoc.htm?document=qvw_l%2FPainelCNJ.qvw&host=QVS%40neodimio03&anonymous=true&sheet=shResumoDespFT.

CONSELHO Nacional de Justiça – *Gestão Judiciária – Poder Judiciário em 2018* [Em linha]. [Consult. 12 Fev. 2021]. Disponível em https://paineis.cnj.jus.br/QvAJAXZfc/opendoc.htm?document=qvw_l%2FPainelCNJ.qvw&host=QVS%40neodimio03&anonymous=true&sheet=shResumoDespFT.

CONSELHO Nacional de Justiça – *Gestão Judiciária – Poder Judiciário em 2019* [Em linha]. [Consult. 12 Fev. 2021]. Disponível em https://paineis.cnj.jus.br/QvAJAXZfc/opendoc.htm?document=qvw_l%2FPainelCNJ.qvw&host=QVS%40neodimio03&anonymous=true&sheet=shResumoDespFT.

CONSELHO Nacional de Justiça – *Juízo 100% Digital* [Em linha]. [Consult. 26 Out. 2022]. Disponível em https://www.cnj.jus.br/wp-content/uploads/2020/10/WEB_cartilha_Juizo_100porcento_digital_v3.pdf.

CONSELHO Nacional de Justiça – *Juízo 100% Digital Reduz Tempo de Tramitação de Processos* [Em linha]. [Consult. 26 Out. 2022]. Disponível em https://www.cnj.jus.br/juizo-100-digital-reduz-tempo-de-tramitacao-de-processos/.

CONSELHO Nacional de Justiça – *Justiça em Números 2018* [Em linha]. [Consult. 21 Fev. 2021]. Disponível em https://paineis.cnj.jus.br/QvAJAXZfc/opendoc.htm?document=qvw_l%2FPainelCNJ.qvw&host=QVS%40neodimio03&anonymous=true&sheet=shResumoDespFT.

CONSELHO Nacional de Justiça – *Justiça em Números 2019* [Em linha]. [Consult. 21 Fev. 2021]. Disponível em https://paineis.cnj.jus.br/QvAJAXZfc/opendoc.htm?document=qvw_l%2FPainelCNJ.qvw&host=QVS%40neodimio03&anonymous=true&sheet=shResumoDespFT.

CONSELHO Nacional de Justiça – *Painéis CNJ* [Em linha]. [Consult. 9 Set. 2020]. Disponível em https://paineis.cnj.jus.br/QvAJAXZfc/opendoc.htm?document=qvw_l\painelcnj.qvw&host=QVS%40neodimio03&anonymous=true.

CONSELHO Nacional de Justiça – *Os 100 maiores litigantes* [Em linha]. [Consult. 6 Abr. 2021]. Disponível em https://www.cnj.jus.br/orgaos-federais-e-estaduais-lideram-100-maiores-litigantes-da-justica/.

CONSELHO Superior da Magistratura [Em linha]. [Consult. 19 Fev. 2021]. Disponível em https://www.csm.org.pt/2020/04/21/informacao-relativa-ao-uso-da-plataforma-informatica-cisco-webex-meetings/.

CONSUMIDOR.gov.br [Em linha]. [Consult. 12 Fev. 2021]. Disponível em https://consumidor.gov.br/pages/conteudo/publico/1.

CONSUMIDOR em Números 2016. *Ministério da Justiça* [Em linha]. [Consult. 20 Fev. 2021]. Disponível em https://www.defesadoconsumidor.gov.br/images/2020/Consumidor-em-nmeros---2019.pdf.

DIRECÇÃO-GERAL do Consumidor. *CIAC – Centro de Informação Autárquico ao Consumidor* [Em linha]. [Consult. 17 Fev. 2021]. Disponível em https://www.consumidor.gov.pt/parceiros/sistema-de-defesa-do-consumidor/ciac/ciac-lista-e-mapa-de-localizacao.aspx.

DIREÇÃO-GERAL da Política de Justiça. *Centros de Arbitragem Autorizados* [Em linha]. [Consult. 21 Jun. 2020]. Disponível em https://dgpj.justica.gov.pt/Resolucao-de-Litigios/Arbitragem/Centros-de-Arbitragem-autorizados.

DIREÇÃO-GERAL da Política de Justiça DGPJ [Em linha]. [Consult. 24 Jul. 2020]. Disponível em https://www.dgpj.mj.pt/sections/home.

DIREÇÃO-GERAL da Política de Justiça. *Resolução de Litígios Mediação* [Em linha]. [Consult. 21 Jun. 2020]. Disponível em https://dgpj.justica.gov.pt/Portals/31/GRAL_Media%E7%E3o/Lista-de-mediadores_privada_27.03.2020.pdf.

DIREÇÃO-GERAL da Política de Justiça. *Resolução de Litígios de Julgado de Paz* [Em linha]. [Consult. 24 Jul. 2020]. Disponível em https://www.dgpj.mj.pt/sections/home.

DIREÇÃO-GERAL da Política de Justiça. *O que são Centros de Arbitragem?* [Em linha]. [Consult. 21 Jun. 2020]. Disponível em https://dgpj.justica.gov.pt/Resolucao-de-Litigios/Arbitragem/O-que-sao-Centros-de-Arbitragem.

DIREÇÃO-GERAL do Consumidor. *Contatos* [Em linha]. [Consult. 11 Fev. 2021]. Disponível em https://www.consumidor.gov.pt/contactos1.aspx.

DIREÇÃO-GERAL do Consumidor. *Entidades de RAL* [Em linha]. [Consult. 9 Jul. 2020]. Disponível em https://www.consumidor.gov.pt/parceiros/sistema-de-defesa-do-consumidor/entidades-de-resolucao-alternativa-de-litigios-de-consumo/ral-mapa-e-lista-de-entidades.aspx.

DIREÇÃO-GERAL da Política de Justiça DGPJ. *Código Europeu de Conduta para Mediadores* [Em linha]. [Consult. 14 Out. 2020]. Disponível em https://dgpj.justica.gov.pt/Portals/31/GRAL_Media%E7%E3o/Codigo_Europeu_Conduta_Mediadores_2014.pdf.

ESTATÍSTICAS da Justiça – Duração Média dos Processos (tribunais judiciais 1ª instância). *Direção-Geral da Política de Justiça* [Em linha]. [Consult. 6 Abr. 2021]. Disponível em https://estatisticas.justica.gov.pt/sites/siej/pt-pt/Paginas/Duracao-media-de-processos.aspx.

ESTATÍSTICAS da Justiça – Panorama Justiça Cível 1ª instância. *Direção-Geral da Política de Justiça* [Em linha]. [Consult. 6 Abr. 2021]. Disponível em https://estatisticas.justica.gov.pt/sites/siej/pt-pt/Paginas/Panorama_Justica_Civel.aspx.

Jornal de Notícias [Em linha]. [Consult. 11 Fev. 2021]. Disponível em https://www.tsf.pt/portugal/sociedade/deco-recebe-quase-400-mil-queixas-em-2020-pandemia-afetou-consumidores-13309353.html.

JUSTIÇA e Segurança Pública [Em linha]. [Consult. 19 Fev. 2021]. Disponível em https://www.justica.gov.br/news/collective-nitf-content-1552426609.41.

MINISTÉRIO da Justiça e Segurança Pública. *O que é Senacon*. [Consult. 2 Dez. 2020]. Disponível em https://www.justica.gov.br/seus-direitos/consumidor/o-que-e-senacon.

PORTAL do Ministério da Educação [Em linha]. [Consult. 15 Fev. 2021]. Disponível em http://portal.mec.gov.br/docman/dezembro-2018-pdf/104111-rces005-18/file.

PROCON MG [Em linha]. [Consult. 12 Fev. 2021]. Disponível em https://www.mpmg.mp.br/comunicacao/noticias/procon-mg-procura-a-orgao-de-defesa-por-consumidor-aumenta-210-durante-crise-da-covid-19.htm.

PROCON RJ [Em linha]. [Consult. 12 Fev. 2021]. Disponível em http://www.procon.rj.gov.br/index.php/publicacao/detalhar/4470.

PROCON SP [Em linha]. [Consult. 12 Fev. 2021]. Disponível em https://www.procon.sp.gov.br/procon-sp-mais-de-6-500-reclamacoes-registradas-durante-a-pandemia/.

RELATÓRIO Anual de 2002. *Conselho dos Julgados de Paz* [Em linha]. [Consult. 24 Jul. 2020]. Disponível em http://www.conselhodosjulgadosdepaz.mj.pt/ficheiros/Relatorios/Relatorio2002.pdf.

SINDEC – Secretaria Nacional do Consumidor [Em linha]. [Consult. 12 Fev. 2021]. Disponível em https://sindecnacional.mj.gov.br/report/Atendimentos.

SINDEC – Secretaria Nacional do Consumidor. *Boletim 2019* [Em linha]. [Consult. 12 Fev. 2021]. p. 4. Disponível em https://www.defesadoconsumidor.gov.br/images/2020/Boletim_Sindec_2019.pdf.

SISTEMA de Mediação Laboral. *Protocolo de Acordo* [Em linha]. Lisboa. (05-05-2006). [Consult. 21 Fev. 2021]. Disponível em https://dgpj.justica.gov.pt/Portals/31/GRAL_Media%E7%E3o/Protocolo_Mediacao_Laboral.pdf.